Cognitive Science and Formative Assessment in Practice

基于问题导向的
互动式、启发式与探究式
课堂教学法

【英】哈利 · 弗莱彻 · 伍德 Harry Fletcher-Wood 著

Responsive Teaching

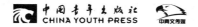

中国青年出版社
CHINA YOUTH PRESS
中青文传媒

图书在版编目（CIP）数据

基于问题导向的互动式、启发式与探究式课堂教学法/
（英）哈利·弗莱彻·伍德著；刘卓，耿长昊译.
—北京：中国青年出版社，2019.10
书名原文：RESPONSIVE TEACHING: Cognitive Science and Formative Assessment in Practice
ISBN 978-7-5153-5679-2

Ⅰ.①基… Ⅱ.①哈… ②刘… ③耿… Ⅲ.①课堂教学—教学研究—中小学 Ⅳ.①G632.421

中国版本图书馆CIP数据核字（2019）第160943号

基于问题导向的互动式、启发式与探究式课堂教学法

作　　者：[英] 哈利·弗莱彻·伍德
译　　者：刘　卓　耿长昊
责任编辑：胡莉萍
美术编辑：靳　然
出　　版：中国青年出版社
发　　行：北京中青文文化传媒有限公司
电　　话：010-65511272/65516873
公司网址：www.cyb.com.cn
购书网址：zqwts.tmall.com
印　　刷：大厂回族自治县益利印刷有限公司
版　　次：2019年10月第1版
印　　次：2024年11月第13次印刷
开　　本：787mm × 1092mm　1/16
字　　数：200千字
印　　张：18
京权图字：01-2018-6904
书　　号：ISBN 978-7-5153-5679-2
定　　价：49.00元

RESPONSIVE TEACHING

目 录

RESPONSIVE TEACHING

序 言

如何以问题为导向回应学生的需求

人类第一次传授知识时可能就意识到，有些内容学生往往没有学会。优质教学应该考虑到学习者的真实水平，而不应该按照教师自己的主观意愿，这就意味着优质教学总要用一些方法来检验学习者学习经历中的收获。梅德琳·亨特出版了一本有关教学实践的著作，在这本开创性的著作中她强调了在教学中“频繁检查学生理解程度”的重要性，然而大多数教师完全是凭直觉在做这项工作。

除此之外，大约50年前，教育心理学家本杰明·布卢姆开始研究测验和考试这种定期评价学生成绩的方法。几个世纪以来，这种方法一直应用于教育领域，可以用来提升学生的课堂学习体验。几年前，迈克尔·斯克利文提出在评估新课程或其他方面的教学创新时，定期评价的教学方式可以用来优化课程体系，或者用来确定新课程开发后是否值得推广。斯克利文建议使用“形成性”和“终结性”这两个词来描述评价可能扮演的两种不同角色。让斯克利文恼火的是，布卢姆认为“形成性”和“终结性”也可以用于评价学生个体。

布卢姆的提议似乎在大西洋两岸的中小学中没有得到多少支持，但在英国，许多大学开始将“形成性评价”纳入自己的课程体系。当然在很多情况下，这种评价只相当于最终评价之前的一次测验而已。“形成性评价”一词主要用于描述正式的评价方式，而在某种程度上，正式评价就是模拟学生的期末考试，通常只是为了告诉学生他们做得怎么样，具体就是他们会得多少分。

然而，尽管“形成性评价”一词往往用于描述对学校组织的评价，即正式的、固定的评价方式，但“评价”可能有助于判断学生的学习效果，从而决定下一阶段的教学内容，这一观点引起了人们极大的兴趣。在20世纪60年代，伯特伦银行创立了肯特数学项目，给学生分配个性化作业，并要求学生完成正式测试，而下一次作业的难度取决于学生在测试中的表现。如果分数低于考试前预期的“熟练程度”，那么下一次作业的难度就会降低，或是给学生们一些学习资料，巩固之前仍然一知半解的知识点。如果学生做得不错，那么下一次作业的难度会稍微增加。如果学生做得非常好，那么作业的难度可能明显增加。因为很难获得肯特数学项目的许可，在20世纪70

• • •

年代早期，内伦敦教育局的教师开发了一个类似的方案——中等数学个性化学习实验，整个70年代和80年代这个实验在英格兰得到了广泛应用。

与此同时，从事特殊教育的儿童教师开始意识到评价的作用，因为评价可以帮助他们更好地判断学生的学习需求。多年来，对具有特殊教育需求的学生的评价和诊断一直由智力测验主导，根据评价得出的学习成绩无法反映学生的学习需求，因此，许多教师和研究人员的不满与日俱增，并开始寻找其他方法以了解学生真实的学习状况，而不只是衡量学生的成绩：

形成性评价旨在提供过程信息和学习策略，从而帮助个体解决学习中的问题，应对具体情况。不论是正常人还是残疾人，评价过程没有差别，但想让特殊教育的儿童进入正常的学习状态，或至少顺利进入下一个学习阶段，可能需要提供更加具体的帮助和指导。

20世纪80年代，有三篇研究综述记录了课堂评价实践对学生的影响。第一篇由林恩和道格拉斯·富克斯撰写，回顾了关于特殊教育学生的研究成果，具体而言，侧重于研究定期评价对学生进步产生的影响。另外两篇研究了课堂评价实践对学习效果与动机的影响。这三项研究都证实，评价本来可以提高学习效果，但由于种种原因没有达到目标。

1997年，我和保罗·布莱克回顾了之前10年进行的研究，并证实了早期研究中的发现：使用评价来指导课堂活动可以显著改善学习效果。我们还为实践者和决策者编写了一份非技术性总结报告，题为“黑匣子的秘密”，该报告被广泛传阅。

评价实际上是用来改进学生参与的课堂活动的，而我和保罗·布莱克用“形成性评价”这个词来描述，主要是想重新定义“评价”，并指出最重要的评价应该在教学过程中而非教学结束之后进行。有些人更喜欢用“学习性评价”这个词，因为他们往往将形成性评价与正式评价联系在一起。

20世纪90年代末，这种区别尤其重要。当时，英国工党政府启动了一系列雄心勃勃的改革，即“第三关键学段①战略”，主要面向11至14岁的中学生。1997年，新任领导上台后不久就将国家扫盲战略引入小学教育。在此基础上，对中学教育也进行了一系列改革，包括针对英语和数学学科的具体改革方案。针对国家课程中的一些“基础”科目，该战略主要在三个方面进行改革：课程结构、思维技能和学习评价。

然而，尽管声称第三关键学段战略是基于研究开展的，但它所采用的学习性评价方法与上述研究几乎没有任何关系。相反，学习

① 英国的小学教育包括两个阶段：5～7岁为第一关键学段（Key Stage 1），7～11岁为第二关键学段（Key Stage 2）。中学教育也包括两个阶段：11～14岁为第三关键学段（Key Stage 3），14～16岁为第四关键学段（Key Stage 4）。——译者注

性评价的主要定义是采用日趋复杂的电子表格监控学生的进步过程，以期达到国家标准中的各个级别。结果却让人大失所望，研究表明，实时和日常评价对学习成果的影响是巨大而深远的。然而，我们只用形成性评价和学习性评价描述学生的学习过程是不充分的，而且人们对这些术语含义的理解也一成不变。

在工作中，我一向坚持使用“形成性评价”一词，试图让人们理解这个术语的含义。然而，20多年后，我不得不承认这可能不是最好的方法，可能需要一个新的术语。不过，我不知道用什么好。

我一直支持教师采用评价督促学生学习，而且现在十分清楚，要明白如何帮助教师回应学生的学习需求，就要摆脱各种标签的束缚，深入了解课堂实践，这也是我愿意为这本重要的书撰写序言的原因。

通过使用插图、故事和教师自述，哈利·弗莱彻·伍德带我们踏上了一段旅程，一开始在第三关键学段战略中只是象征性地采用学习性评价，慢慢地我们更深入地理解了如何更有效地回应学生的需求。据我所知，没有哪本书能像这本书一样帮助教师真正理解教学如何回应学生的需求，以及如何借鉴这些理念完善实践。

迪伦·威廉

RESPONSIVE TEACHING

引 言

以问题为导向的应答式教学更能提高学生成绩

在过去很长一段时间内，我的授课效果都不尽如人意，因为有三件事一直困扰着我：一是评价似乎阻碍了学习；二是技巧似乎比知识更重要；三是学习性评价①似乎只是技巧的堆砌。这些困惑已经成为过去，尽管解决这些困惑花费了很多时间，但我在学习和评价中获得的经验可能更具有永恒的价值，这些正是我要在这本书中分享的。下面，我要先说一下自己的困惑。

① 在形成性评价基础上发展演变而来，为适应新一轮国际基础教育改革而产生的课堂评价理论及其指导下的课堂评价实践。——译者注

困惑一：评价似乎阻碍了学习

作为一名新教师，我不知道评价是如何促进学习的。我们的考核形式是定期的分级测试。比如，我们要求九年级学生分析维多利亚时代工厂状况的相关论据，通常需要两节课来帮助学生回答8个复杂的问题，再加上一个晚上来写评语并打分。只有少数学生获得了较高的分数，可能是因为在评价之前我们没有告诉他们怎样使用论据，也没有告诉他们任何关于维多利亚时代工厂的信息。由此可见，评价的重点似乎不是学生正在学习的内容。

评价学生需要使用一个评价机制，这个机制看起来精准无误，实则漏洞百出。根据国家课程标准，我们对学生的历史学习能力进行分级。例如，在解释历史事件发生的原因时，设置以下等级：

- **等级5：**学生开始在各种原因之间建立联系。
- **等级6：**学生已经学会在各种原因之间建立联系。

许多学校还划分了几个次级：

- **等级5c-：**学生对各种原因之间的联系处于一知半解的状态。
- **等级5a：**学生经常试图在各种原因之间建立联系。

我任职的学校为了更精准地教学，将上述等级进一步细化为5a+、5a、5a-等级别。由此推断：

- **等级5c-：**学生还远未懂得如何在各种原因之间建立联系。

令人难以置信的是，这个精准的评价机制包含81个级别（9个等级，每个等级下又细分为9个次级）。然而，我甚至都不知道学生的答案属于等级5还是等级6，而且我们评价的内容似乎和学生学习的内容无关。

对如何提高学生的等级，我感到压力很大，往往他们的等级相应地提升了，知识和技能却没有增长。设立等级是为了在三到四年的学习结束后来评估学生的表现。然而，我们只是依据个别问题的答案是否完美来评分。如果关于维多利亚时代工厂状况的答案中，有一个答案是完美的，这些学生就可以获得6级评定，即使他们对其他内容一无所知。尽管两名学生都获得了6级，但他们所知晓的内容可能完全不同：一名学生可能擅于利用维多利亚时代工厂的相关论据，而另一名学生可能写了一篇优秀论文，阐述了《大宪章》的意义，但他对维多利亚时代的工厂状况一无所知。我们的评价似乎反映了我们期待学生取得的进步，而不是他们真正学到了什么。

对评价结果的分析更脱离实际。我曾经在我的评分册上给两名学生打了次级的成绩，然后将其输入学校的数据管理系统。随后，学科组长撰写了一个报告，详细地分析了这些不准确的结果。最后班主任拿着报告问我："为什么有两名学生没有达到数据处理系统预期的水平？"事实上，一名学生测试期间因病住院了，另外一名9月份以后就没上过学。在全国范围内只有9%的学生达到了要求，而我们班的23名学生都达到了预期目标，比例之高令人意外。此外，分析结果的系统过于烦琐，耗费了大量时间且导致了失信行为。评价脱离了我的授课内容，也脱离了学生所学的知识，所做的分析更与实际情况脱轨，所以我认为评价是一种阻碍。

我们的根本问题在于错用了评价的终结性目的。对学习进行终结性评价是很重要的，学生在求职或者深造时需要证明他们学到了什么；他们的资格证书需要被学校、用人单位以及大学认可。比如在决定录用艾伦还是爱德华的时候，用人单位需要确信一点，就是在普通中等教育证书①考试中，艾伦取得的6级数学成绩与爱德华的4级成绩相比，意味着前者掌握的知识更多。这种差距不是因为运气，也不是教师出于同情而提高了分数，更不是因为某种额外的帮助。而用人单位要确信这一点，则需要满足以下几个条件：艾伦和爱德华的考试时间相同，学习条件一样，评分标准统一，并且考试题目涵盖了整个教学大纲的内容。以上条件十分苛刻，只有学生结课时才能一一满足，而艾伦和爱德华在完成普通中等教育证书考试过程中学到了什么，用人单位以及大学则兴趣不大。

以下三个因素导致我们将终结性评价错用于日常教学中：

因素一：我们想了解学生的表现

为终结性目的而设计的评价，在日常教学中常常被误用，原因在于我们认为模拟考试似乎是一种合乎逻辑的方法，可以用来检验学

① 是指英国中学教育最后两年结束后要考取的证书，相当于中国国内的初中毕业考试证书。——译者注

生是否步入正轨。比如，只用90分钟测试学生对整个数学教学大纲知识的掌握情况，并以此衡量学生一个学期是否进步显然效果不佳。学生可能用了一个学期掌握关于分数的知识，但在模拟考试中表现不佳，原因在于他们学到的新知识只能用于回答几个问题。如果我们把关于分数的试题整理到一起，就不需要掌握整个大纲的知识了，因此模拟考试只能表明学生是否能够回答这些问题，并不能说明他们是否能够在期末考试中表现出色。如果考试问题不相同，学习条件不一样，评分标准不统一，我们几乎无法从终结性模拟测试中判断出学生在期末考试中的表现。然而，我们却定期进行模拟考试，并认为这是一种有效的检验手段。每当课程结束时，我会出题并制定评分标准，且一年进行6次，但我发现评价似乎与学习内容脱节，学生的学习成果也几乎没有任何提高。

因素二：我们想教会学生考试涉及的内容

为终结性目的而设计的评价，也被误用于指导教学内容，并希望这些内容可以帮助学生提高学习成绩。只讲授考试涉及的内容看起来合情合理，但这样做缩减了教学内容，会逐渐削弱学生的学习能力。培养学习能力要求掌握大量具体的知识，并有意识地做大量练习以运用这些知识。我们要求学生最终获得的解决问题的能力，往往不同于掌握知识点和解题的能力。比如，在数学方面，我们希望学生具备解决问题的能力，但如果想掌握数学概念并更好地解决问题，仅靠模拟训练于事无补。再如，如果写一篇关于《探长来访》的论文，学生需要整合关于人物性格、戏剧主题和社会背景的引文观点，形成一个条理清晰的论点，而非具体分析其中的某一方面。终结性评价会影响长远的教学规划，但我们却用它来设计课程，而且学生要按等级要求进行学习或展示。克里斯托多罗将终结性评价同马拉松训练对比，认为通过马拉松训练来实现目标不仅让运动员精疲力竭，效率低下，而且忽视了他们对力量以及体能的要求。通过考试就等于成功，因此教师只需教学生如何通过考试，例如“学会如何回答一个四分的问题”，这种做法关注的只是表象，没有理解课程学习的真正内涵，同时限制了学生的成长，也降低了我们对他们的期望。我曾经试图根据国家课程标准为学生制订学习计划，但都以失败告终，因为这个计划与学生需要的知识和技能背道而驰。

因素三：我们想找出学生学习中的不足

我们误用了为终结性目的而设计的评价，是因为我们希望终结性评价可以帮助学生找出学习上的不足，其实我们要使用的是为形成性目的而设计的评价。根据终结性目的设置考试问题要包含整个教学大纲的知识点，因此包含的形成性信息十分有限：

一些学生不知道如何计算矩形的面积，所以无法回答矩形面积问题。另一些学生则因乘法等基础数学能力较差而备受煎熬。即使通过学生的成绩也很难确切推断他们学习中的症结所在。

类似的，学生可能无法评价勃朗特笔下简·爱的形象，因为他们不知道使用什么样的词汇、如何安排段落结构，更不了解当时女性的期许。考试评价机制易于达成目标，也就是在考试后给一个终结性成绩，但这种方式不利于了解学生如何提高学习成绩。学生、家长以及教师只在乎学生在国家课程标准中获得的等级，而不是学生该如何提高成绩。比如，一个学生抱怨得不到4级的评分，说明这种方式造成了徒劳无益的分心。相比之下，形成性评价能起到更好的作用，因为这种方式可以检测出学生对授课内容的理解程度，从而帮助教师和学生对接下来的教学做出更合理的安排。而终结性评价要求的苛刻条件，包括相同的问题、一样的学习资源和统一的评分标准等，就不需要一一满足。形成性评价的负面作用较低，通过形成性评价还可以得到师生的反馈。比如，如果我们要准确推断学生学到了什么，即使推断是错的，那么根据学生的反馈也可以对其进行纠正。然而，只关注终结性评价而不用形成性评价来确定学生学到了什么，我们就会“只是跟着学生的步伐实现他们的等级目标”。根据终结性评价的分析结果，我们得到的关于学生学习成绩欠佳的信息十分有限，并且会让我们忽视评价的形成性目的。

终结性评价主导着我的教学，我的领导和学生对此更是青睐有加，但这种方式阻碍了学习。我们希望记录学生的成功轨迹，得到的信息却是不准确的；我们希望为学生系统地规划学习，却过度关注考试的分数；我们希望找出学生学习的不足之处，成绩却毫无起色。模拟考试能够使学生更加熟悉考试结构以及考试时间，但只有在期末考试前进行模拟考试才会起到作用，如果在别的时间段进行，这种终结性评价考试方式只会让学生分心。我们应该减少使用终结性评价，控制学生通过这种方式实现其提高等级的目的，转而通过形成性评价来跟踪学生的进步情况，从而查漏补缺。我们知道如何学好知识和技能，应该据此来设计学习内容，而不是根据考试评价机制设计。如果我们达到了理想的授课效果，并恰当地运用形成性评价，学生既能学到知识，也会在终结性评价中胜券在握。要取得这样的效果，我们就要摆脱终结性评价的桎梏并避免其造成的问题，比如关于优先级的扭曲现象、浪费时间以及教学误判等后果。

以问题为导向的应答式教学通过形成性评价来检测学生学到的知识，规避了终结性评价造成的学生分心和成绩失真。无论学生面对何种终结性评价方式，应答式教学的原则都与之相适应，同样适用于下一次课程改革。教师可能希望更多地使用终结性评价，也许只是出于选择的无奈，但限制终结性评价在教学中的影响会有所帮助，这样我们可以专注于学生学到的知识以及帮助他们提高成绩。认清终结性评价的局限性仅仅解决了我的第一个困惑，我们的评价方式也让我对学生如何学习感到困惑。

● ● ●

困惑二：技巧似乎比知识更重要

我质疑我们的评价机制，但我毫不怀疑地接受一个基本前提——知识比技能更重要。国家课程标准明确指出提高6种历史科目学习技能的方法，但没有明确说明要掌握哪些知识。其中一个历史科目学习技能是解释历史事件发生的原因：如果学生可以解释英国内战或者“一战”发生的原因，就能获得等级5的评定。然而就算他们对上述两个历史事件一无所知，也可以达到等级5。比如，我教过九年级学生，他们对历史几乎没有什么兴趣，但他们通过解释2011年伦敦暴乱的原因也可以达到等级5。教学的重心是“帮助学生不断提高等级”，而非保证学生获得所学科目的知识和理解。我不能不讲历史事件就教学生因果关系，但我认为对学生来说，一些可以处处派上用场的程序性知识，比如卓越的辩论能力比历史知识更有价值。

除了历史科目学习的能力，我希望我的学生具有可迁移技能，因为此类技能可以帮助他们享受更美好的生活。我先后在两所学校工作，这两所学校都采纳了跨学科思维和学习的理念，比如“推理”“提炼观点”以及在各个观点之间“建立逻辑关系”。我由衷地拥护这种方法，因为诸如创造力、协作能力和批判性思维等技能可以让学生更好地适应现实世界。因此，在课堂上我没有讲历史知识，而是鼓励学生去推理并排除干扰因素。目标之一，我希望我的学生快乐、投入、主动，如果能做到这几点，他们就成功了。目标之二，我希望他们可以自主学习，希望他们无论最终做什么，都可以获得有用的技能。目标之三才是教历史，但过了很长时间，我才意识到忽视讲解历史知识会妨碍另外两个目标的实现。

我想要传授给学生的思维技能，研究者用了几十年时间设法厘清，最终发现技能依赖于知识。最初，他们认为，拥有专业知识意味着拥有更快或更卓越的思维能力，比如，善于决策、创造性思维和解决问题等能力。他们相信，虽然专家们需要一些背景知识，如国际象棋大师需要掌握象棋的规则，但他们可以通过研究军事战略或其他棋类游戏来提高国际象棋的水平。对此，西蒙和蔡斯的一项突破性研究提出了质疑。他们的研究建立在阿德里安·德·格鲁特的研究基础上。德·格鲁特发现，国际象棋专家一眼就能记住比赛布局场景，而新手只能记住少量棋子的布局。但西蒙和蔡斯发现，如果这些棋子是随机放置的，大师们的记忆和新手差不多。这说明，因为象棋大师学习并记忆棋子布局模式，所以他们一眼就能了解布局情况。他们之所以能赢得比赛，并不是因为他们思维敏捷，而是因为他们拥有的知识让他们能够在不知不觉中迅速识别出比赛模式，而这看似合理的举动几乎是自动发生的。在这项研究的基础上，以下三个观点进一步证明了一般思维技能适用性的局限：

1. 专家对自己的领域了解甚多：就像国际象棋大师一样，他们知道棋类模式，知道何时应用，并能够据此进行推理。

● ● ●

2. 解决问题的一般化策略成效不佳，而且往往徒劳无益：如果将问题分解，你就要知道解决办法，并能够实现，否则没有意义。

3. 同一技能很难应用在不同的情境中：优秀的象棋手并不擅长其他战略游戏，比如围棋。

我相信学生可以学习技能，并将其应用于其他知识领域。反之亦然，学生也许只能在他们拥有相关知识的领域展示技能。例如，要培养批判性思维，就要掌握相关领域的知识，并且需要了解这个领域的成功案例。解决数学问题意味着要明确运算过程，并能够正确计算，我们可以称之为“问题求解”。我们希望学生在解决问题的时候可以“深思熟虑”，但除非学生认识到问题是什么，并知道解决问题的步骤，否则只告诉他们要解决问题（或深思熟虑）没有任何帮助。我们可以教学生深刻地、批判性和创造性地思考，但思考的内容仅限于他们所知道的。我赞成推广评价机制，却忽略了学生掌握知识的重要性，比如，如果我没有教学生历史知识，那么教他们巧妙地思考必定以失败告终。

经过证明，获取知识、组织知识十分重要，这有助于思考教学。学习意味着在记忆中加入新的元素：象棋大师学习下棋的位置分布，历史学家学习历史事件，医生学习疾病症状和案例。然而，他们不只是在积累事实：专家的知识是有组织的、有效的，所以他们处理问题时能够突出要点，有效地理解和处理问题，更高效地思考问题，并自动做出反应。例如，医生掌握的知识使他们能够快速而准确地诊断病情。为了帮助学生成为专家，我们要将专家所知道的知识教授给学生，而不是期望他们在没有必要知识的情况下充当专家。我们希望学生可以分析、讨论并解决问题，但这取决于他们的知识储备以及学生如何看待词汇、观点和概念之间的联系。如果将奥赛罗与哈姆雷特这两个人物进行比较，学生就要充分了解哈姆雷特这个人物的语言和行为特征，这样他们在讨论人物性格时，就不必提醒自己哈姆雷特是个什么样的人，做过什么。学习不仅意味着要记忆新的元素，还意味着把我们所知道的信息组织起来，联系起来，并自主解决小问题，然后才能专注解决大问题，学生就是这样获得某一学科的专业知识的。阿尔弗雷德·诺斯·怀特黑德认为，我们可以不假思索地执行重要的任务，并增加任务的数量，这就是文明发展之道。知识的重要性对应答式教学的影响体现在以下三个方面：

影响一：学生的已备知识很重要

学生知道什么决定了他们可以学到什么。阅读能力差但棒球知识好的学生，与阅读能力强且棒球知识好的学生一样，都能够很好地理解棒球类文本，而且他们都比阅读能力强但棒球知识差的学生更好地理解此类文本。学生只有了解都铎王朝、基督徒崇拜和16世纪的欧

• • •

洲政治，才能理解宗教改革。他们持有的迷思概念[①]，也会影响他们所学的知识，比如，如果学生相信细菌比原子小，那么他可能很难同时理解这两种事物。知道学生掌握的知识，我们便能做好教学计划，告诉他们哪些地方要加强，哪些地方要纠正。我们可以恰当地讲授课程，确定谁需要帮助，测试谁学到了什么。大卫·奥苏贝尔将学生已备知识描述为"影响学习的最重要的单一因素"，教师应该帮助学生确认他们的已备知识，并据此决定他们接下来要学习的内容。应答式教学方法告诉我们，必须根据学生掌握的知识制订教学计划，因为这决定了他们能学到什么。

影响二：学生需要了解相关学科的知识和技能

发展专业技能意味着要获得一门学科的知识和技能。这需要确认必须掌握哪些必要的知识和技能，仔细地对它们进行排序，并确保学生获得和掌握它们。这一过程被称为"刻意练习"，它是提高学习成绩的途径，被国际象棋、记忆比赛和音乐表演等领域的专家所采纳。但是，形成性评价忽视了学生思考的内容和特定领域知识的价值，只侧重于一般化技能和技术，因而受到批评。应答式教学要求计划和安排学生的学习内容，因为只有课程严格、富有挑战和结构严谨，才能对学生所学内容作出有价值的回应。

① 在教学中，"迷思概念"是指头脑中与科学概念不一致的观念和认识。——译者注

根据应答式教学方法，我们发现获取技能和学好课程，取决于学生的已备知识。这就需要：

- **确认学生已经知道了什么。**
- **根据我们希望学生掌握的知识来计划和安排学习。**

制订学习计划必不可少，但它不能保证学习质量。知识重要性的第三个影响是需要检查学生学到了什么，对此，学习性评价本应有所帮助，但它却成了我的第三个困惑。

困惑三：学习性评价只是技巧的堆砌

重视知识意味着我们必须检查学生是否已经学会教给他们的内容，是否记住了这些内容，这么做既因为这是知识学习本身的要求，也因为这将决定他们是否可以学习下一个专题。计划和安排教学十分重要，但还远远不够，因为它无法预测学生学到了什么。格雷厄姆·纳托尔认真地跟踪了学生的学习情况，记录学生之间的谈话，阅读他们写的所有内容，并采访他们想法的来源。他总结道："无论你对某件事情描述得多详细，说明和解释得多准确，学生们都会用一些新奇的方式来曲解你所说的话。"学生的已备知识和学习内容不同，这就意味着学生在一个单元中所学的知识在很大程度上都是独特的体验。即使他们在同一个班级，参与同样的课堂活动，但每个学生学到的知识并不相同。仅有好的课程计划还不够，因为教师无法控制学

• • •

生所处的环境，想让他们心无旁骛几乎是不可能的。比如，学生看到的，他们在家里听到的，或者他们描述自己经历的语言都是不同的。即使我们认为课程设计已经很完美，并且准确地预测了学生所在的环境，我们仍然需要评价来检查我们做的是否正确。学习性评价关注学生学习的内容，但尽管我使用了学习性评价，却无法实现这个目的。

过去，我一直认为自己很好地运用了学习性评价，但其实我和其他教师一样，一直在误用它。我也使用了一些教学技巧，如使用棒棒糖选择学生发言，让学生在迷你白板上写段落，尝试用各种方式让学生完成学习目标。然而，虽然我对教学技巧充满热情，但对教学基本原理的理解远远不够；虽然我和学生分享了教学目标，但这些目标设立得十分仓促，可行性难以甄别。虽然学生们用的是迷你白板，但我无法同时检查他们写的30个段落，因为我是在教他们如何写作，而不是为了证明他们在学习。我的批注很详细，但并不频繁，所以我对学生每节课都学了什么所知甚少。造成这种现状并不能完全归咎于我，因为学习性评价推崇的教学技巧似乎与学生的学习无关。许多教师，如乔·科比，认为这些都是噱头，而不是教学原则：

棒棒糖、五彩缤纷的派对杯、一节课进行五次红黄绿交通灯游戏（苏格兰的一种游戏）、竖起或放下大拇指、得意的自信贴、草草写下的结课表情符号、诸如WALT & WILF这样奇怪而毫无用处的首字母缩略词，都成为归谬法的例证。随后，许多高级领导团队都采用了学习性评价，但都没有领会到它的精髓。比如，学校会强制实施一些课程计划、听课准则，并要求每节课检查三次学生的进步状况，以及无休止的小型全体教师会议。所有课程目标的表述形式都千篇一律，最后取得的效果往往事与愿违，比如，“到课程结束时，学生将能够……”学生互评往往会使用这样的评语：“给他5a等级，因为他很努力，写得很整齐”；用绿色笔而非红色笔写评语，以免伤害学生的自尊心；张贴的等级描述不仅字小，难以辨认，而且难以理解。学习性评价的技巧描述十分规范，但是花哨，这种教学方式被英国教育标准办公室强制执行，而督导们对这种华而不实的教学方式毫不关心，他们关注的只是学生们的等级。

教师的教学实践与学习性评价的要义之间出现了分歧。因此，在学校的学习性评价实践中采用的一些技巧收效甚微，与保罗·布莱克和迪伦·威廉竭力推广的原则背道而驰。

采用形成性评价可取得的教学效果被夸大了，而实际作用有限，这让我们感到十分遗憾。

当教师、学习者或其同龄人发现，解释并使用学生的学习成果时学生似乎可以学到更多知识，如果以此来决定下一步的教学计划，与不了解学生学习情况下做出的教学计划相比，这些教学计划可能更好，或者更有依据。

• • •

最新一轮《国际学生评估项目》国际测试显示：

影响学生取得科学成就的最大因素是家庭的富裕程度，其次是教师调整教学以满足学生需求的能力……几乎没有什么能以如此低的成本，如此大幅度地提高学生的学习效果。

批评者质疑形成性评价对学生学习的影响，然而最近的评论显示出形成性评价对学生成绩的影响不可小觑，形成性评价的具体方法有坚实的现实基础（每一章都对现实基础进行了讨论），所以学习性评价有发展前景。尽管如此，学生的成绩并没有提高：

罗伯·科认为，目前在英国的学校，几乎所有的教师都声称使用学习性评价。而且证据显示，在过去15年中学习性评价得到大力推广，尽管其应用范围广泛，研究结果显示其对学习成果也产生了重要影响，但在全国范围内，已知效果却甚微，或十分有限。

评价委员会得出结论：在实施学习性评价近20年后，形成性评价并没有一直作为有效教学的必要组成部分。学习性评价教学试点研究成果显著，但没有在全国范围内进行推广，对此众说纷纭，有人说是因为终结性评价导致了教学效果失真，也有人说是因为忽视了讲解学科知识。苏·斯瓦菲尔德批评政府实施的政策将教师置于教学控制链的最底层。兰迪·班尼特则认为，形成性评价的定义不明确，教师掌握的关于评价、教学内容和教学技巧的知识也不够。课堂评价形式发生了变化，教育中的其他组成部分也要随之改变，比如考试和教师培训，但事实并非如此。更常见的是，在本地获得成功的项目，如果没有发起者的支持和关注，往往会失去后继的力量。在全国范围内，看似合理的教学原则未能实现其应有的效果。在当地，我认为自己是在实施学习性评价，但这对学生的学习影响不大。

受益于20多年学习性评价所积累的经验，应答式教学以形成性评价原则而非技巧为重心。解决这三个困惑后，我开始研究终结性评价的局限性、形成性评价的优点以及认知科学的指导作用，这几点构成了应答式教学的基础。

什么是应答式教学

应答式教学首先要了解学生如何从认知科学中学习，在此基础上，将计划与教学相结合，并通过形成性评价来确定学生学到了什么，进而做出调整。这种教学方法始终以学生的学习问题为导向，致力于在课堂实践中解决这些问题，打造出以学生为中心的互动式、启发式与探究式课堂。迪伦·威廉曾表示，对学习性评价来说，“应答式教学”可能是更合适的术语。这个表述似乎很贴切，意思就是关注学生的想法和我们应答的方式。应答式教学强调课堂的互动性，对

● ● ●

教师提出了较高的要求，并要求向学生展示怎么算学好。应答式教学打开了形成性评价的新视角，摆脱了终结性评价以及对学习性评价产生负面影响的肤浅技巧的影响。我们从认知科学和形成性评价中积累了许多研究证据和实践智慧，促进了应答式教学的发展，同时，应答式教学也解决了我遇到的一些困惑，主要包括：

- 通过区分形成性评价和终结性评价，聚焦于学生学到了什么以及怎么使他们学到更多，解决了我的第一个困惑。
- 通过专注于学生的学习方式，即获得、组织学科知识和技能，解决了我的第二个困惑。
- 通过专注于形成性评价的原则，运用从学习性评价中获取的实践智慧，解决了我的第三个困惑。

这本书通过聚焦教学中特有的七个问题，在教学实践中就这些观点展开论述。与课堂上黄蜂意外飞进教室这种突发事件不同，这些特有的问题可预见，但不可避免，是教学中的顽症。这七个问题包括：

问题1：如何计划单元教学，让学生在有限的时间学得最多？

问题2：如何准备一堂课，让学生最大程度地消化全部知识？

问题3：如何向学生展示怎么才算学好？

问题4：如何判断学生在课堂上学到了什么？

问题5：如何了解学生在想什么？

问题6：如何帮助学生取得进步？

问题7：如何促使应答式教学变成现实？

无论我们学校的领导多么优秀，学生多么勤奋，这些问题仍然困扰着我们。相反，无论学校面临什么样的挑战，无论学校的领导和政治家们优先考虑的问题是什么，教师都可以重新思考解决他们问题的办法。这些问题可以依次回答：如果要向学生表达我们的期望，我们需要明确的计划；如果要帮助学生提高学习成绩，我们需要完善的评价机制。这就是为什么前两个问题与教学计划有关，因为好的教学计划是先决条件，有助于做出有价值的应答（这也克服了形成性评价的一个不足之处）。教学计划也为教师提供了一个方案，以改进教学方式，这也是进行刻意练习和实现有效辅导的关键环节。

这本书如何帮助教师运用应答式教学方法

运用应答式教学方法，就是要掌握相应的教学原则，并了解支持这些原则的依据。技巧比依据更容易被人接受和采纳，因为依据往往隐含在文章中，而这些文章信息量大，晦涩难懂，结论往往不确定。

通常情况下，教师会收到一份通知，描述做什么和怎么做，但没有说明为什么这样做会取得成效，也没有解释设计教学方法或构建学习资源所依据的基本原则。其结果是教师要不断尝试新的方法，却不明白这样做会如何影响学生的学习……也就是说，除非你很清楚这种教学方法或学习资源如何影响学生的学习，否则你在教学上作出的

• • •

改变只是在反复试验。

试错法对教师来讲是一种缓慢的学习方法，也不利于发现学生在学习中有违直觉的结果。比如，最初学生所知甚少，但随后能记住的内容明显增加，这种现象教师可能就很难发现（见问题4）。然而，除非我们理解基本的教学原则，否则只是在模仿一种教学方法的形式，而忽略了它的真实作用。更糟糕的是，我们可能随意地模仿，激进地使用教学方法，忽视了与教学原则的联系。比如，学生会机械地将教学目标用到书本的学习中。这本书介绍了与每个问题相关的依据，也介绍了教学原则的原理，但它要分享的不是什么方式有效，而是高效教学方法的理论基础。没有什么所谓的应答式教学技巧，只有教师根据例证确定有效的解决方法时，教学才是应答式的。**比如，使用迷你白板不是应答式教学法，使用迷你白板来确认学生在想什么，从而采取相应的解决方法才是应答式教学法**。这本书旨在清晰阐明一些教学原则，以及这些教学原则之下隐含的依据。

然而，只知道解决方案和教学原则还不够。

即使有大量的研究成果作为基础，而且这些观点听起来很有吸引力，教师也不会采用。如果这些观点作为一般性原则提出来，那么将其应用在教学实践中，就完全是教师的任务了。

研究会为实验室提供指导，有助于控制试教过程，偶尔也会提供一些范例。然而，研究永远不会告诉教师具体要做什么。研究者不能明确如何将教学原则应用于具体实践，比如，只有教师会在阴雨连绵的星期五下午来检测九年级学生对平衡方程式的理解，从而把教学原则应用在具体的教学实践中。这些例证有局限性，只有少数教学技巧经过严格测试。

因此，教师需要各种鲜活的教学实践案例，才能获得认同感，这样他们就能获得坚定的信念和信心，相信自己可以做得更好，并结合具体案例，提升实践能力。

这本书展示了如何运用应答式教学原则来改进教学方法，同时分享了教师们运用这些教学原则适应他们的课堂教学做出的努力。

最后，得出的结论是教学原则有强大的指导作用，案例也是值得关注的。只有将原则和案例紧密结合，实践者和指导者才能避免理论和实践脱节的局限性，同时免受生动实践没有原则指导的制约。

经过证明，学习性评价的方法是自上而下的指令性的，而应答式教学是由教师操作的，他们先采用相应的原则，然后检查各个教学案例，最后做出调整以满足学生的需求。如果每位教师找到将理念和

● ● ●

课程结合，并将之应用于课堂活动的独特方法，我们取得的教学成果就能和案例显示的一样显著。应答式教学是一种专家式教学，也就是选择一些教学方法，将教学原则应用于具体的班级和学生。

本书每一章针对一个问题，论述结构是将基本教学原则与课堂实例相结合：

- **教学问题**：提出问题是为了阐明教学目标和问题的重要性，并描述本人在教学中出现的错误或同事的困惑。

- **例证依据**：根据学校、实验室和校外教育机构的研究，介绍了围绕问题出现的例证，这样也确立了教学原则和教学实践的理论依据。对忙碌的人来说，这是一份总结报告；对好奇的人来说，这是一份阅读清单。

- **教学原则**：例证确立了原则，可以适用于每个年级、学科和学校。

- **教学工具**：阐释这个教学原则，说明教学方法尽管有不足之处，也可以结合例证进行改进。如果这些教学方法的缺陷令人难以置信，我只能保证这些正是我的失误之处。请你们相信，在发现它们不可信的时候，你们已经领会了我要传达的观点。

- **经验分享**：通过描述有效的教学实践，暗示着教学效果会直接得到提升；教师的经验提供了指导，同时也表明提升教学水平的过程是棘手的、渐进的和反复的。

- **检查清单**：在清单中我总结了一些应对问题的方法，不仅可以帮助教师回顾教学过程，也提供了一些压力之下优先考虑的关键步骤。

最后一章论述了不同角色的教育工作者如何运用前六章的观点，每一节都是根据新教师、教研员、领导者等人的不同需求量身定制的指南。

应答式教学并非要求教师工作更努力，而是要求他们尝试不同的工作方法。教师已经竭尽全力，他们进行了教学设计、评价和写评语等。本书中提到的方法会让教学设计、评价和写评语更加有效。教学实践不断变化，这就要求在最初投入大量的时间和精力，当然，这么做会带来回报——提高学生的学习成绩，并在适当的时候帮助学生实现自主学习。好的学习方法应该解放教师，允许教师以新的方式给学生提供帮助，或者让教师早点下班。准确评价学生的学习状况，对学生提供个性化帮助，也会让教师更加自信和满足，所以这本书提倡尝试不同的工作方式，而不是更努力地工作。

也许这样的书可以针对每个科目和学习阶段编写，但我不这样认为。我从许多科目中提炼出丰富的文献，并试图找出可以超越这些文献的一般性原则。范例显示了如何将这些原则应用于各个学科和学习阶段：我们可以跟踪学生的思路，并采取适用该年龄的教学方式；要在所有科目中实现以上目标，可以使用关键问题。把关键问题应用到实践中，不仅仅是针对学科教学，也针对话题。比如，在《暴风雨》和《皆大欢喜》这两部剧作中，学生的迷思概念和问题可能有所不同。

• • •

但应答式教学的基本原则和改革过程超越了学科本身，因此，我设法为教师提供必要的工具，以便将这些原则应用到他们所教授的任何课程中。

应答式教学原则能够直接帮助学生，也会给学生带来其他的益处。比如，向学生展示怎么算学好，以及提供反馈的做法都是有意义的。这本书也倡导元认知，即学生监控自身想法，从而对学习状态做出相应调整的能力。测试证明学生记得什么，也能让学生更好地记起测试的内容。对基础薄弱的学生来说，要赶上他的同学几乎无计可施，因为学生的已备知识越多越容易取得进步。本书中提供的方法能够帮助所有学生提高成绩，基础差的学生进步尤为明显。具体方法包括向学生展示怎么算学好，解释为什么提供反馈，为什么写评语而非打分，这样做也提高了学生的积极性和学好课程的信心。形成性评价为进入心流①状态提供了一些条件以及最佳体验，在这种体验中，我们接受适当的挑战，并收到反馈。虽然应答式教学不是灵丹妙药，但它能立刻提升学习效果，同时也有助于实现其他重要目标。

总结

我是一名教师，有幸阅读相关文献并为同行提供支持，但我不

① 心理学词语概念，指在专注进行某行为时所表现的心理状态。——译者注

是学者。这本书借鉴了诸多领域的研究结果，包括评价、认知科学、行为主义心理学和刻意练习研究。每个领域都掌握是不可能的，例如，关于学生科学概念的参考文献共有8400篇相关论文，我只读过其中一小部分。如果其学科专家发现了错误，请宽容对待这些错误，并毫不犹豫地提出修改建议。

应答式教学是改进教学的途径。教师在职业生涯中不断取得进步，但最显著的进步发生在前三年。许多事情会阻碍我们取得进步，比如，当目标不明确时，就很难衡量进步与否；仅凭对教学的热爱也很难确立目标或监控进步。另外，我们千方百计想找到学得好和教得好的例证，但这往往都是“动机性推理”的产物，因为我们不断告诉自己已经尽力而为，这种心理阻碍了我们的提升。

教师应该了解学生的学习目标，并清楚他们是否达成目标，这样才能既保持谦逊，又不断进步。我们使用的终结性评价存在问题，往往忽视了学生面临的困境。但我只是将学生没有取得显著的进步归咎于评价机制的缺陷，而没有觉察自己教学的不足之处。理查德·费曼说得很对，“首要原则就是你不能欺骗自己，而你又最容易受骗”。本杰明·布卢姆说：

> 如果教师能够得到帮助，对他们的教学方法有更清晰的认识，并与学生顺畅沟通，他们就能够持续为更多的学生提供更有利的学习环境。

• • •

确认学生所学知识，持续回应，并不断改进教学方法，这些应该是我们作为教师的核心任务。如果我们跟踪学生的学习状况，就可以忽略自己的付出，从而更关心教学效果的优劣。这样做会取得显著成效，因为经验丰富的教研员关注学生的需求，将形成性评价视为核心的教学方式，从而提高教学水平。应答式教学为我们专注于改进教学方式、提升学习效果提供了可能。

注解

从技术上讲，没有所谓的"终结性"的评价，"终结性的"或"形成性的"是从评价中得出的推论。在教学实践中，这个术语频繁使用，而且比"为了终结目的而进行的评价"要简洁得多，所以我有时也使用。

重要参考文献：

（1）克里斯托多罗. D（2017）:《取得良好进展：学习性评价的未来》。牛津：牛津大学出版社。

为了详细说明形成性评价和终结性评价的不同目标，黛西·克里斯托多罗详细分析了这两种评价方式，并且提出了有效运用这两种评价方式的方法。

（2）威林厄姆. D（2009）:《为什么学生不喜欢上学：一个认知科学家回答大脑如何工作及其对课堂活动的意义》。加利福尼亚州，旧金山：何塞·巴斯。

丹尼尔·威林厄姆总结了我们如何清晰、简洁和有效地思考和学习。他描述了一些重要实验，介绍了工作中的心理学原理，并展示了教师如何运用这些原理。

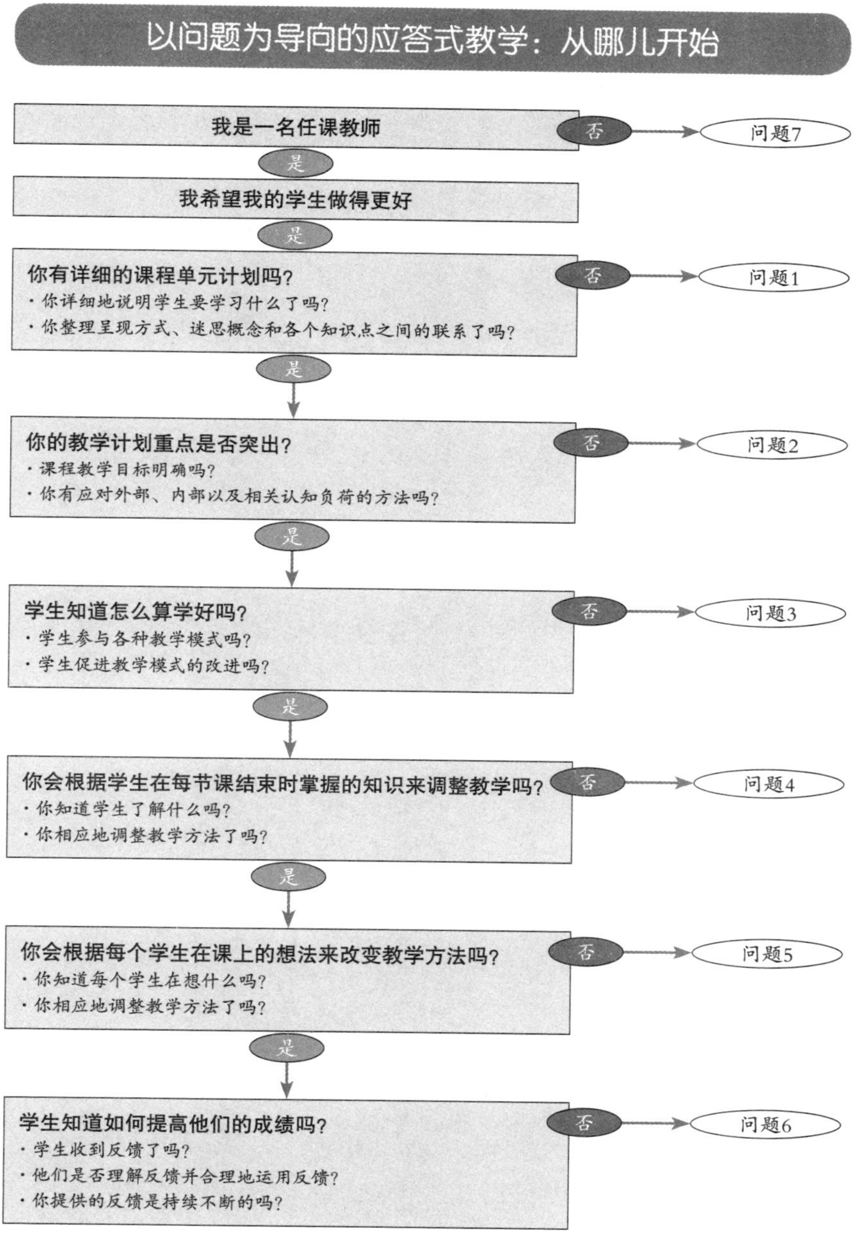
以问题为导向的应答式教学：从哪儿开始
我是一名任课教师
否
问题7
是
我希望我的学生做得更好
是
你有详细的课程单元计划吗？
·你详细地说明学生要学习什么了吗？
·你整理呈现方式、迷思概念和各个知识点之间的联系了吗？
否
问题1
是
你的教学计划重点是否突出？
·课程教学目标明确吗？
·你有应对外部、内部以及相关认知负荷的方法吗？
否
问题2
是
学生知道怎么算学好吗？
·学生参与各种教学模式吗？
·学生促进教学模式的改进吗？
否
问题3
是
你会根据学生在每节课结束时掌握的知识来调整教学吗？
·你知道学生了解什么吗？
·你相应地调整教学方法了吗？
否
问题4
是
你会根据每个学生在课上的想法来改变教学方法吗？
·你知道每个学生在想什么吗？
·你相应地调整教学方法了吗？
否
问题5
是
学生知道如何提高他们的成绩吗？
·学生收到反馈了吗？
·他们是否理解反馈并合理地运用反馈？
·你提供的反馈是持续不断的吗？
否
问题6

图0.1　以问题为导向的应答式教学——从哪儿开始

问题 1

如何计划单元教学，让学生在有限的时间学得最多

教学问题

要讲的内容太多，但时间不够，在确定重要的学习内容之前，我们无法对学生的学习状况作出回应。

例证依据

专注于核心知识点

详细说明学生要掌握的知识

确认知识点之间的关联

按照单元进行教学设计

教学原则

应答式教师要明确指出学生将学习的内容和要达成的目标。

实用工具

知识结构图

单元教学内容结构图

- 呈现方式
- 迷思概念
- 横向知识
- 连贯性

经验分享

设计课程教学知识

检查清单

QUESTION 1

? 教学问题

要讲的内容太多，但时间不够，在确定重要的学习内容之前，我们无法对学生的学习状况作出回应。

玛雅教课一年半后才意识到自己的教学方法出现了问题。她以最快的速度讲课，甚至比预计的还要快，然而所讲的内容只占她希望学生学习内容的一半左右。新的课程标准要求学生了解的内容较多，而玛雅想讲的更多。即便如此，她讲的内容学生并没有消化吸收，通过测试，她发现去年所讲的大部分内容学生们已经忘得一干二净了。有些同学拼命学习，但只是因为少上一节课而没能掌握一个知识点。做教学设计要花费大量的时间，玛雅千方百计从教学大纲中整理出重要的知识点，并找到合适的方法加以解释。尽管她精心设计，但学生在一个单元的课程结束后，能记住的内容就像抽奖一样，记住什么完全靠运气。一节课结束后，玛雅马上准备下一节课，此时的她就像一台精疲力竭的跑步机。而当玛雅和同事们探讨课程设计和学习资源时，她发现自己的努力竟然毫无意义。

玛雅也想根据学生的需求做出调整，但她把所有时间都花在制订有效的教学计划上。此时玛雅意识到，只有清晰了解最希望学生们学的是什么，她才能测试学生学到的知识，并作出回应。所以，玛雅决定首先反思如何规划教学，并确认以下问题：

- 应该将哪些知识点作为重点？
- 如何制订详细的、灵活的教学计划？
- 如何才能让这些教学计划对她的同事有帮助？

例证依据

专注于核心知识点

详细说明学生要掌握的知识

确认知识点之间的关联

按照单元进行教学设计

格雷厄姆·纳托尔（2007）对学生的学习状况进行了细致的观察。例如，跟踪记录学生一个单元的学习过程，观察学生接触新知识时，为什么会对折射、反射和放大率这些内容感到困惑，他发现学生之前所学的毫无意义。他得出了一个看似简单的结论：

> 学生如果需要理解一个概念，他至少要在三种不同的情形下接收完整的信息。如果接收的信息不完整，或者没有在三种不同的情形下接触这个概念，那么学生就不能真正掌握这个概念。

因此，他认为：

学生学习主要依靠他们日常接触的信息。所以，教学活动需要精心设计，以便学生能够经常接触到相关信息，同时要精心设计信息的呈现形式。

玛雅意识到必须将宽泛的学习目标具体化，并通过知识点复现来实现这些目标。她要做的不是课程设计，而是教学设计，以此使学生能够掌握课程标准中宽泛定义的概念。对于现状的了解使她相信教学计划应该具体化，以知识为核心，并将知识点相互串联，而且要按单元而非一节课来设计。

专注于核心知识点

玛雅必须确定学生学习的重要内容是什么。她发现安娜·斯法德（1998）关于隐喻学习方式的探讨很有帮助，学习可以被视为：

- **习得**：基础知识可以慢慢积累，并逐步提炼，相互结合成为更丰富的认知结构。
- **参与**：成为团队中的一员，能够用团队特定的语言进行交流，并依据特定规范行事。

以上两种方式似乎可以用来解释教师之间的许多差异，包括教学目的以及课堂活动等。如果教师注重习得，他会把讲解视为学生获取知识的有效方式；如果教师注重参与，他就会认为掌握科学方法比马上得出一个结论更重要，而斯法德认为这两种方式不是相互排斥的。玛雅也开始相信团队的作用，加入其中可以使学生获取知识，并更加灵活地运用知识。木匠学徒不会在同样的技术水平上裹足不前，他们通过不断增加工作的难度获得知识，提高技能，从而创造出一件杰作以证明他们的学习成果，最终成为一名合格的木匠。习得和参与都需要学生自己逐渐提高技能的熟练程度、对简单的步骤烂熟于心并培养更复杂的思维模式。因此，玛雅得出结论：获取知识会赋予学生从事理想工作的能力。当然，这需要教师确定哪方面的知识最重要。

在有限的时间内，玛雅将核心知识列举出来，这些知识能够帮助她的学生更好地理解世界，并让他们以自己期望的方式学习、工作和生活。这些核心知识融入各门课程中，并具有以下特点：

（1）具有解释能力：掌握古代文明的知识可以帮助学生理解文学、艺术和音乐；学会整数相加的能力为学生分数、小数相加以及做乘法的能力奠定基础。

（2）在学校以外不会用到的知识：与日常用语和青年小说相比，专业术语和经典文学在学校以外的地方用到的可能性微乎其微。

玛雅辩证地看待核心知识点，她认为核心知识点既不是完美无缺的，也不是一成不变的，所以，挑选核心知识点的动机以及选出的内容都可以探讨。比如，玛雅意识到权威观点既有价值，也有局限性，所以在挑选核心知识点时，也要考虑欧洲传统以外的女性作家和数学家。虽然教授核心知识点并不是解决问题的唯一途径，但玛雅认为所有的学生都有资格学习核心知识，并理解其内容。学习熟悉的题目对学生有帮助，也让人感到愉快，但玛雅只是把这些题目作为训练学生的中间步骤，通过教授他们不知道的内容，拓宽他们的视野。

- **小结：玛雅将最核心的知识作为重点。**

详细说明学生要掌握的知识

玛雅发现有效的教学计划一定是十分具体的，但在教育中，模糊的教学目标十分常见。玛雅一直用一个例子打比方，她说，“比较两个分数的大小”这个描述听起来很具体，但学生答案的正确率取决于题目的难度：

- $\frac{3}{7}$ 和 $\frac{5}{7}$　　90%的学生答对了
- $\frac{3}{4}$ 和 $\frac{4}{5}$　　75%的学生答对了
- $\frac{5}{7}$ 和 $\frac{5}{9}$　　15%的学生答对了

即使一个教学目标看似精确，也不能确定学生掌握到什么程度。比如，一个清晰的教学计划会明确学生将掌握哪些分数：那些有共同分母的，不同分母的或分母既不同又特别的。同样，如果玛雅讲解牛顿第二运动定律，即力是质量乘以加速度，这是否意味着学生应该记住这个公式？他们会被要求把这个公式结合数据具体应用吗？或在具体的情景下应用吗？或是期望他们认识到这个公式的适用性？他们是否能够使用这个公式来证明限速问题？他们是否应该知道牛顿第二定律在狭义相对论下的适用范围？有些科目比其他科目的知识体系更明确，但玛雅无论是在讲解维京人入侵、不规则动词还是《雾都孤儿》，如果她想自信地制订教学计划，首先需要明确她希望学生学什么。玛雅决心确定具体教学目标，这将帮助她分配时间和设计评价。

玛雅正在教授的课程内容涵盖了概念、观点和联系，如果学生想理解课程，她就要详细说明哪些观点有助于学生学习这些概念。详细列举知识点像是在简化课程，但玛雅认为这样做很重要，也很有意义。对一名中学历史教师来说，要教授人类历史的全部内容，他可能只有100个小时，所有教师的做法都相似，在有限的时间里讲解大量的知识。玛雅在对知识点的重要性进行排序时，更喜欢采用明确、公开、集体的方式，而不是默默地、自发地、独自地完成。明确学生要学习什么也可以更新她的学科知识，并使她准备好与学生分享怎么算学好知识和技能（见问题3）。

- **小结：玛雅明确了她希望学生学习的主要内容，以便他们理解基本概念。**

确定知识点之间的关联

仅掌握专业知识是不够的，玛雅希望学生能够分析性地、批判性地、创造性地运用这些知识。之前，她很困惑，因为她不清楚想让学生学习什么。既然她已经清楚了知识是学习的基础，就不想忽视学生整理、联系和应用知识的重要性。她认识到，学生不可能对所有事情都有深入的了解，但掌握浅显的知识总比什么都没有强。尽管如此，她还是希望学生们能将零散的知识点转化为相互联系、相互促进的思维模式。玛雅打算通过学生掌握的知识来帮助他们完成三件事：

（1）建立联系：玛雅希望她的学生能够建立联系，包括在学科内的各个题目之间、不同学年所学知识之间以及不同学科之间建立联系，帮助他们运用所学知识，理解整个课程。

（2）理解实质性概念：玛雅希望学生能将事实知识转换成对实质性概念的理解。她想让他们认识到，像“武力”“资源”和“君主”这样的词在不同的语境中含义不同。玛雅希望她的学生能够跟随历史学家的脚步，了解“church”有时指建筑，有时指机构。例如：“在宗教改革时期，教会教义的改变导致教堂装饰发生了实质性改变。”

（3）理解阈值概念：玛雅希望她的学生能够享受学习中的顿悟时刻，从此改变他们对学科和世界的看法。阈值概念有助于实现这一目标，并具有以下五个特征：

- 易造成麻烦与困扰：难以理解
- 促转变：促进学习者的理解方向发生转变
- 不可逆：一旦学会，豁然开朗
- 促整合：将零散的知识整合为系统的认知
- 筑界限：学科各有界限

玛雅从阈值概念中看到了巨大的力量。当学生们意识到叙述者说的内容可能不可靠，例如，发现一些错误理解：国王会依赖他的男爵们；把粒子聚集在一起的力量越强，克服它们所需的能量就越多；等等，他们对世界的看法就会改变。阈值概念是自我领悟，但玛雅意识到她可以通过介绍观点、启发反思来促成这种领悟。

- **小结：玛雅设计了知识间的联系、阈值概念和实质性概念，希望学生都能够掌握。**

按照单元进行教学设计

玛雅意识到，虽然她谈论“课程教学设计”的次数多于“单元教学设计”，但按单元设计课程更有益处。比如，关于军队的系列课程、英国内战和《哈姆雷特》第二幕。在学校课程安排的基础上，玛雅发现按照单元设计教学有许多优势：

- **复现性：**学习是知识的逐步习得、重组和完善的过程，不是一蹴而就的。如果要衡量学生长期的学习效果，用学生在学习期间的表现作为标准并不合适。对课程重点内容进行间隔性回顾是很重要的。通过设计单元内容，玛雅可以回顾课程重点，从而帮助学生增强对相关内容的理解，也可以帮助缺课的学生。

- **连贯性：**玛雅教授的知识不是孤立的，单元教学计划能够帮助她建立连贯的知识体系，从而形成一个叙事文本，便于学生用来构建和回忆知识点。例如，在教授英语文学时，她希望学生对文本有较强的事实认知，同时能将背景、引语、主题思想和创作目的联系起来。借助单元教学计划，玛雅可以预测、强调以及重申各个概念之间的联系，并解决迷思概念。

- **易用性**：借助单元教学计划，玛雅可以确定学生如何提前学习课程重点。根据单元教学计划和学生学到的知识，她可以轻松地设计课程（见问题4）。

- **小结：玛雅关注单元设计。**

教学原则

应答式教师要明确指出学生将学习的内容和要达成的目标。

实用工具

知识结构图

单元教学内容结构图

- 呈现方式
- 迷思概念
- 横向知识
- 连贯性

根据国家课程标准的要求，玛雅设计的单元课程具有以下特点：

- 确定核心知识和关键词汇

- 在一个单元课程内，区分知识难易程度，设计知识复现，保证知识的连贯性
- 采用以下方法提高学习效果：
  - 解释和表达核心概念
  - 澄清迷思概念
  - 创造机会了解知识点间的联系和阈值概念

方案一：计划课时教学

玛雅过去边讲课边设计。比如，在讲授大萧条对德国的影响时，她确定学生已知的影响有哪些，然后明确了教学目标（见问题2），设计了课堂反馈条（见问题4），并组织了一些课堂活动。课程进行顺利，但课与课之间毫不相关。如果学生能够将这些话题与他们已有的知识联系起来，就能够更好地理解这些内容。比如，记住德国工人和贵族的社会地位，能更容易理解大萧条对社会群体的不同影响。上一节课讨论大萧条的社会影响，有助于理解下一节课中要讨论的政治影响。玛雅帮助学生建立了知识点之间的联系，但联系建立得很随意，并非刻意为之，因此，课程的教学效果并不平衡。有时候一个教学单元快结束了，玛雅却发现没有机会将知识点关联起来，有时候一个重点内容在相关的两次课中都未提及。设计个性化课程让玛雅忙得不可开交，她常常为串联知识点和回顾重点内容焦头烂额，而学生们的记忆力和理解程度与她所期望的相差甚远。所以，玛雅想从计划课时教学

转到计划单元教学。

方案二：计划单元教学

玛雅明确了期望学生每个单元学习的内容。比如，大萧条对德国的影响是希特勒掌权单元的一部分，所以玛雅设计了一个知识结构图，整理了学生理解重点内容所需的所有知识点（见图1.1）。她创建了一个关键事件时间表，列出了关键人物和关键术语，以及希特勒掌权事件中最重要的因素。她在每个表格中只写了一句话，删掉了所有模糊和次要的内容。

玛雅想告诉学生学习这个单元要掌握的技能，比如能够解释希特勒掌权的原因。然而，她忍住没说，因为她希望学生们既能够解释事件发生的原因，也能够解释事件的变化过程和连续性。她发现，如果将知识结构图用于不同年级和不同课程中，形式适当调整（见图1.2和图1.3）就可以起到很好的作用。在科学和地理课中，同事们通常使用图表。在文学课上，玛雅不再用“关键知识点”这个词，而改用主题形式。教师选择了不同的方式来呈现知识——有时按照层次结构，有时按照知识点之间的关联性，每个人都找到了不同的方式将知识融入他们的课程中。

玛雅喜欢使用知识结构图，但这种方式不能完全解决她遇到的问题。玛雅把这个单元的知识点整理成结构图，这样她在计划课程时可以突出重点。她也可以从知识结构图中适当选取一部分进行讲解，

	纳粹执政和夺取控制权
1929年	美国华尔街崩盘导致德国经济陷入大萧条，600万人失业；纳粹极力渲染与此相关的负面信息。
1930年	选举：纳粹赢得18.3%的选票，成为德国国会第二大党。 薄弱的右翼政府得到了兴登堡的支持。
1932年 4月	总统选举：兴登堡再次获胜，希特勒获得第二名。
7月	选举：纳粹获得37.4%的选票，但没有成立政府。
11月	选举：纳粹选票降至33.1%，共产党选票增加；库尔特·冯·施莱歇尔被任命为总理，但没有获得支持。
1933年 1月	冯·帕彭说服兴登堡任命希特勒总理为联合政府的一员，联合政府将限制纳粹的权力。
2月	国会纵火案；国会消防法令限制公民自由。
3月	选举：纳粹大规模制造恐吓；纳粹赢得44%的选票，取缔共产党，通过《授权法案》。
5月	工会被取缔。
7月	其他政党均被取缔。
1934年 6月	长刀之夜：希特勒限制了冲锋队的权力，罗姆被杀，包括冯·施莱歇尔在内的主要反对者被捕。
8月	兴登堡去世，希特勒成为独裁者，军队宣誓效忠希特勒。

关键因素	
1. 失业	800万失业者对政府感到失望。
2. 政治宣传	纳粹大力宣传鼓吹，煽动人心，希特勒能言善辩。
3. 恐怖行动	德国冲锋队攻击反对派政治家和支持者；暴力制造危机气氛，为希特勒实现承诺提供机会。
4. 对共产主义的恐惧	失业和愤怒增加了共产党人的选票，这令许多中产阶级选民感到害怕。
5. 摇摆的民主党人	兴登堡和许多右翼非纳粹分子没有致力于实现民主，低估了希特勒。

关键术语	
1. 总理	政府首脑
2. 联合	两党或多党共同执政的政府
3.《授权法案》	法律允许希特勒在没有德国国会批准的情况下制定法律。
4. 德国独裁者	集总理和总统权力于一身
5. 总统	国家元首
6. 德意志帝国国会	德国国会
7. 冲锋队	纳粹支持者组织，到1933年底有200万成员。
8. 纳粹党卫军	希特勒的精英保镖

关键人物	
1. 保罗·冯·兴登堡	总统，第一次世界大战将军和英雄
2. 弗朗茨·冯·帕彭	中央党右翼成员
3. 恩斯特·罗姆	冲锋队头目
4. 库尔特·冯·施莱歇尔	右翼政客，前任将军，不是纳粹

图1.1 知识结构图：希特勒掌权

以回顾课堂上的重点内容。将整个单元的关键术语列举出来，玛雅讲解的时候就可以更有针对性，更容易检查学生的理解程度。玛雅发现知识结构图很实用，稍作修改，就可以作为一份家庭作业，或者复习计划和测试题。比如，她可以在60秒内设计一个小测验，删除相关事件，要求学生重新创建时间表，或删除关键术语，要求学生根据定义回忆这些术语。玛雅意识到，借助知识结构图，她可以规划学生们学什么，但她并没有做好授课准备，也没有把各个知识点联系起来。讲完一节课后，她仍然要迅速准备下一堂课。她需要了解在灵活应答的同时，是否能够提前计划教学内容的重点。

方案三：关注教学内容的重点

玛雅认为教学计划的重点是专注于教学内容：

也就是将教学内容和教学法融合起来，以理解如何组织、表现特定的专题知识、问题或话题，从而满足学习者不同的兴趣和能力，并将之呈现在教学中。

玛雅发现鲍尔、杰姆斯和菲尔普斯（2008）延伸了这个定义的范围，为她的教学计划提供了一个有用的框架：

- 内容知识和教学
- 内容知识和学生

时间表——法律的发展历程

1	约公元前2100年	苏美尔人创造了已知最早的法律，并以书面形式记录下来。
2	约公元前1790年	巴比伦法典，源于神的旨意。
3	公元130—180年	罗马人将法律制度化，但仍将罪行视为两个人之间的“错误”。
4	约公元1100年	在英国出现了对抗“国家”的罪行。
5	公元1100—1200年	英国开始通过法庭进行审判。法庭中罪行的判决成为普通法。
6	1215年	《大宪章》保障个人权利，并将国王置于法律之下。
7	1651年	在《利维坦》中，托马斯·霍布斯提倡强大的国家要执行法律。
8	1762年	让-雅克·卢梭认为，在社会契约中，人是“高贵的野蛮人”

词汇

1	犯罪	故意伤害某人、财产或团体的行为。
2	道德	判断对错的标准。
3	法庭	决定某人是否违法的会议。
4	法官	掌管法院并就法律作出判决的人。
5	判决	对某人违法的惩罚。
6	主权	拥有和管理财产的行为（可能包括人：奴隶）。
7	叛国罪	背叛国家的罪行，尤指企图杀死君主或推翻政府。
8	刑讯逼供	使某人遭受极度的痛苦，有时强迫他们做或说出某事。
9	死刑	处死的刑罚。
10	陪审团	判定一个人有罪或

重点内容

1	自然法	所有人都有一定的权利，并且可以通过理性来判断什么是对什么是错。
2	所有人对抗所有人	霍布斯设想如果没有人管理，世界会是怎样的。
3	高贵的野蛮人	人天生善良，但被迫生活在一起时却做出了错误的选择。
4	无罪推定	在证明有罪之前，每个人都应该被认为是无辜的。
5	普通法	特殊案件的判决结果作为之后其他法官判决的依据。
6	原罪	对神的意志的侵犯。
7	监管	国家赋予警官逮捕和拘留罪犯的权力。
8	社会契约	所有人都同意以某种方式行事，这样每个人都安全，都能得到保障

9	1948年	《世界人权宣言》保障了人们得到公正审判的权利，依法惩治。
10	1965年	英国废除了谋杀罪死刑判决。

9	法律	由政府决定并由警方和法院强制执行的规则体系。
10	少年法庭	一个特别法庭，负责判定儿童是否有罪。

历代刑罚		
1	流放	在一段时间内或永久被送离国家。在古代，生活会因此变得非常困难，因为旅行很艰难，而且遭受流放的人可能不被其他地方的人接受。
2	行刑	常见的死刑包括斩首、绞刑、由行刑队执行枪决、电椅和注射死刑。
3	体罚	直到最近，才允许将儿童之间相互身体伤害作为一种惩罚。常见体罚包括鞭刑（用藤条打孩子的手、腿或屁股），有时会用手、皮带或拖鞋。
4	鞭打	人们用鞭或棍子鞭打，通常是在他们裸露的背部或裸露的脚底上。
5	上刑枷锁	人们的手和头被锁在一个木块里，通常是在公共场合羞辱他们。
6	苦役	囚犯们被迫从事非常困难、非常累的工作，比如砸石头或修路。
7	监禁	罪犯被关进拘留所或监狱一段时间，或终生。

图1.2　五年级知识结构图：罪与罚

（乔恩·布鲁内奇提供）

章节	故事情节	人物		词汇	语境
1. 门的故事	恩菲尔德在出门散步时路过一扇看起来很奇怪的门，他告诉厄特森一个男人（海德）践踏了一个年轻女孩。那个男人给了女孩赔偿金。恩菲尔德还说，这个男子有一把打开杰基尔博士实验室的钥匙。	亨利·杰基尔博士 爱德华·海德先生	既是医生也是实验科学家，有钱又受人尊敬。 矮小、暴力、不讨人喜欢的人，死不悔改的罪犯。	畸变 可恶的 寓言	世纪末的恐惧——在19世纪末，人们对移民和疾病威胁、性和滥交以及道德堕落的恐惧与日俱增。
2. 寻找海德	厄特森看了看杰基尔博士的遗嘱，发现他在失踪后把财产留给了海德先生。厄特森看着门，看见海德打开了门，便去警告杰基尔。杰基尔不在，但普尔告诉他，仆人们被告知要服从海德。	加布里埃尔·厄特森	冷静理性的律师，杰基尔的朋友。	典故 焦虑	维多利亚价值观——从19世纪50年代到世纪之交，英国社会表面上表现的价值观是性约束、对犯罪的低容忍、宗教道德和严格的社会行为准则。
3. 杰基尔博士十分惬意	两周后，厄特森在杰基尔家参加了一个晚宴，并告诉了他自己的担忧。杰基尔对他的烦恼一笑置之。	哈斯蒂·兰尼恩博士	一位传统而受人尊敬的医生，杰基尔以前的挚友。	返祖现象 意识	达尔文主义和进化论产生的影响困扰着维多利亚时代的社会。人类从猿类和两栖类进化而来的观点导致了人们对血统以及人类回归原始状态的担忧。
4. 卡鲁谋杀案	近一年后，一位上了年纪的绅士在街上被海德谋杀。尸体上发现了一封写给厄特森的信。厄特森认出凶器是杰基尔的一根折断的手杖。他带着警察到杰基尔家去找海德，却被告知海德已经两个月没来了。他们找到了那根手杖的另一段，并发现了匆忙逃离的迹象。	理查德·恩菲尔德	厄特森的远亲，镇上有名的人物。	品质低劣的 退化 邪恶的 两面性	面相：意大利犯罪学家凯萨·龙勃罗梭（1835–1909）认为，“天生的罪犯”可以通过身体特征来识别，比如不对称的面部特征、长臂或倾斜的前额。
5. 信件事件	厄特森去了杰基尔的家，发现他“病得很重”。他问起海德，但杰基尔给他看了一封信，上面说他不会回来了。厄特森认为，这封信是杰基尔伪造的，用来为海德掩盖罪行。	普尔	杰基尔的奴仆。	表里不一 书信体	
6. 兰尼恩博士的特殊事件	海德不见了，杰基尔似乎变得更快乐，也更善于交际，但有一天他突然感到沮丧。厄特森在兰尼恩博士临终时去看望他，博士暗示杰基尔是他的病源。厄特森给杰基尔写信，他收到的回信暗示，杰基尔“受到了黑暗势力的影响”。兰尼恩博士去世了，留下了一张纸条，让厄特森在杰基尔死后打开。厄特森试图再次访问杰基尔，但普尔告诉他，他	丹弗斯卡鲁爵士 盖斯特先生	一名被海德打死的绅士。 厄特森的秘书，笔迹专家。	伦理 优生学 凶猛的	维多利亚时期的伦敦：1800年的人口是100万，1900年是670万，大量的人口从欧洲移民过来。它成为世界上最大的城市和全球政治、金融和贸易中心。伦敦成为一座富裕的城市。

7. 窗口事件	……窗户，看到他像囚犯一样被关在里面。厄特森大叫一声，杰基尔的脸上露出了“极度恐惧和绝望”的表情。厄特森和恩菲尔德震惊地离开。
8. 最后的夜晚	普尔去拜访厄特森，请他到杰基尔的家里来。实验室的门是锁着的，里面的声音听起来像海德。普尔说，里面的人这几天一直要求将一种化学品带进来，但每次都被拒绝，因为目的不纯。他们破门而入，发现一具抽搐的尸体，手里拿着一个小瓶。有一份遗嘱，指示把一切都留给厄特森。有一个包裹，里面装着杰基尔的供词，还有一封信让厄特森读兰尼恩的信。
9. 兰尼恩博士	兰尼恩博士的信中讲了杰基尔给他写信，让他从实验室里收拾好化学药品，一个小瓶和笔记本，然后交给一个午夜打来电话的人。一个怪模怪样的人来了，喝下了魔药，随后变成杰基尔，兰尼恩博士因此一病不起。
10. 亨利·杰基尔对案件的全部陈述	杰基尔讲述了他如何变成海德的故事。刚开始他想探究人性中的双重人格，并试图摧毁他的“黑暗自我”。最终他沉迷于成为海德，而海德慢慢地控制并摧毁了他。

主题
双重人格
科学和神秘现象
超自然现象
声誉
理性
城市恐惧
保密和沉默

变形
堕落
专业的
尊重
克制
野蛮
潜意识
抑制
超自然的
非正统的
维多利亚时代

……越来越繁荣，城市的贫困人数也在增长。人满为患的城市充满了犯罪。人群成为邪恶的藏身之处，成为哥特式和侦探文学的隐喻。
罗伯特·路易斯·史蒂文森在爱丁堡出生、长大，同时拥有苏格兰人和英国人的双重身份。爱丁堡是一个具有双重性质的城市。作者在富裕的新城区长大，但年轻时却在探索城市阴暗、险恶的一面。
迪肯·布罗迪：爱丁堡协会和城镇中受人尊敬的议员。威廉·布罗迪不仅是窃贼，而且是好色之徒和赌徒，过着神秘的生活。因犯罪，他在1788年被处以绞刑。史蒂文森年轻时写了一篇关于他的戏剧。

图1.3　普通中等教育证书考试知识结构图：《化身博士》

（詹姆斯·西奥博尔德提供）

- 横向知识

内容知识和教学：呈现方式和讲解

教师……应该选择哪些例子作为导入，使用哪些例子来让学生更深入地了解教学内容。教师在讲授一个具体的观点时，需要衡量教学呈现方式的优劣，并能够确定不同的教学方法和教学过程能提供什么样的教学效果。

规划教学时，玛雅会选择恰当的呈现方式和解释，帮助学生深入理解一个观点的复杂性。呈现方式包括：

- **图片**：根据《奥赛罗》表演中的照片，分析人物形象；根据海上塑料岛屿的照片，分析污染的影响；根据肖像，分析历史人物的自我形象。
- **图解**：用来解释电路、循环系统和牛轭湖的形成。
- **图表**：通过人口图表了解人口统计学，通过选举结果图表了解权力的更迭，通过温度变化图表分析其对光合作用的影响。
- **例子**：用哈姆雷特的台词概括他的性格，用洗衣粉显示酶的作用，用具体问题显示数学解题过程。
- **故事**：用个人旅行说明移民趋势，通过锡克教徒的生活介绍宗教，了解工业革命时期个人的就业变化。
- **实验**：在教室里种植植物来了解光合作用，调查学生用不同的方式得出同样的数字，从而理解加法。

- **类比**：比较学校的组织结构和政府的组织结构，让操场上的学生代表太阳系，学生们互相传递氧气，使循环系统充满活力。

玛雅一直使用各种呈现方式，她通常会在每节课之前创建资源库并进行筛选。这样做有几点好处，首先，玛雅可以更好地衡量每种呈现方式的优缺点。例如，通过建筑物中电梯的上下移动，表示位置参数的变化，但这种方式不能帮助学生理解负数加减的含义，比如4-(-3)。其次，学生可以反复接触重要概念，但这并不意味着简单的重复，否则会非常枯燥。反复接触重点概念似乎意味着学生需要时间来处理新的信息，也需要给他们机会用不同的方式处理这些信息。

利用资源库，玛雅可以选择对学生最有帮助的一种呈现方式，从而向学生传授知识。如果学生不适应这种方式，她可以换一种，这样她就可以将具体和抽象的呈现方式结合起来，并帮助学生将知识应用于不同的情境，实现从具体到抽象的转化：先用一种具体的呈现方式介绍观点，然后再逐渐抽象化。例如，先使用生物生长过程的图片，再使用图表。玛雅相信不管学校实行什么政策或采取什么做法，她搜集的资源都可以用来分享和加以使用，而且几乎在任何情况下都可以发挥作用。

内容知识和学生：迷思概念

教师必须预测学生可能想什么，他们会对什么感到困惑……预测的关键是了解学生的常识概念和迷思概念。

玛雅注意到，有经验的同事能用第六感猜测出学生的迷思概念，也能感知到他们在一个单元学习中哪些地方会产生迷思概念。迷思概念虽然与所学知识冲突，但不是错误，也不是知识缺口，比如认为物体下沉是因为它们太重，而不是因为它们密度高。迷思概念包括：

- **过度概括一个规则**。比如，因为有些以s结尾的单词需要所有格符号，所以大多数以s结尾的单词都会有一个撇。
- **简化实质概念**。比如，学生看到“教堂”这个词，就推断在宗教改革之前，只有“一个教堂”，而且人们必须步行数英里才能走到。
- **对于某些反直觉性学术知识的常识反应**。比如，要求将0.01四舍五入到小数点后一位，学生拒绝将0四舍五入到0.0，因为0没有任何意义，学生认为都要从有意义的部分开始。
- **虽然许多迷思概念是普遍存在的，但也有一些具有文化特异性**。比如，在土耳其语中，如果开灯用“open”，在学习电路时就会造成误解，因为这就意味着要断开电路并关掉电灯。

迷思概念通常是学生根据逻辑推论出来的，或教师和家长为了方便概括出来的，迷思概念可能阻碍学习，所以玛雅希望提前做好准备。

由于大多数迷思概念都是针对课程和话题的，所以玛雅在首次教一门课程之前，会尽力做好教学计划，避免出现此类问题。在科学和数学课上，她可以整理出大量可以利用的相关概念，比如，她使用了美国科学促进协会的资料，根据这些资料她得知，在11～14岁的美国人中，有四分之一的学生认为细胞不是由原子构成的，三分之一的人认为化学变化是不可逆转的，超过一半的人认为有些生物没有DNA。她还收集了大量数学（摩根）和化学（英国皇家化学学会）方面的资料。有些科目没有统计好的资料，玛雅就利用自己的经验，并咨询同事的意见。玛雅也能对学生的迷思概念作出回应（见问题5），但人们往往不情愿改变自己的观念，即使遇到相互矛盾的信息时也是如此，因为现有的概念似乎被“保护”起来，使人们无法接受新的信息，所以人们可能固执己见。为此，玛雅整理了各种解决迷思概念的方法，比如，她可能说细胞比原子大，接着提供原子和细胞的图片，她可能强调所有物质都是由原子构成的，并要求学生解释细胞是由什么构成的。整理迷思概念会使玛雅更敏锐地发现问题，从而准备好解决问题。

横向知识：联系

横向知识是指在课程规定的知识内，对题目和题目之间关联的认识。例如，对一年级的教师来说，他们可能需要知道自己教的内容与三年级学生将学习的知识有什么关系，以便为以后的数学学习奠定基础。横向知识还包括了一种数学视野，这种视野有助于理解各种数学概念之间的联系。

玛雅希望帮助学生将当前的学习内容与课程的其余部分联系起来。她要求学生回忆已有知识，并把它与当前的题目联系起来。就像专家型教师一样，他们经常在开始上课时问“记得我们什么时候所学的……”。玛雅也想预测知识间的关联，比如，“当我们研究麦克白的时候，你会看到关于超自然影响的优秀例证”。这些联系有助于学生巩固和重组他们现有的知识，并对其进行补充。玛雅希望学生将现有的学习内容应用到新的情境中，但需要给他们明确的提示。玛雅希望知识点间的联系能够帮助学生以更精准的方式学习，因为精准的答案包含着丰富的知识。如果在教学中将知识点相互关联，玛雅就能给学生创造更多的机会拓宽知识面。

玛雅认为，不同课程之间也可以建立联系，而且课程之间的联系很重要。比如，在使用图表时，注意科学和数学之间的联系；在研究共产主义和阅读《动物庄园》时，注意历史和文学之间的联系；在观察空间和运动的关系时，注意艺术、体育和数学之间的联系。贝思纳尔格林地区的圣马提亚斯学校已经确认了知识间的纵向、横向以及交叉联系：

- **纵向联系**：将不同学年、同一科目中的概念相互联系。例如，学习关于暴君的知识，就要将二年级学习的约翰国王、五年级学习的叙拉古暴君狄俄尼索斯，以及六年级学习的希特勒关联起来。

- **横向联系**：将一年内不同学科的概念相互关联。例如，学到入侵时，联想北欧海盗入侵英国、微生物入侵身体、invade-invasion，从动词转化为名词也是一种“入侵”。
- **交叉联系**：将跨学科和年级的概念相互联系。例如，《出埃及记》（宗教教育，三年级）、马蒂尔达（读写能力，四年级）和哈丽特·塔布曼（读写能力，六年级），都是关于犹太人抗争暴政的内容，可以关联。

对学生来说，复现重要概念可以加强他们对实质性概念的理解，例如河流的源头（三年级）、新闻报道（四年级）和历史报道（五年级）。如果建立联系，教师就要强调知识点之间关联的重要性，这项工作可以由整个学校的教师共同来做，也可以由个别教师来完成。这种跨学科的方法非常有效，要求学生根据他们学到的知识建立联系。通过设计横向内容知识，玛雅引入了关联知识，帮助学生梳理和巩固他们学到的内容。

设计单元教学内容

玛雅创建了单元教学计划，按顺序排列知识结构图中罗列的知识和整理的教学内容。除了课程的主要内容之外，她还注意到可能用到的呈现方式和迷思概念，预测和回顾学生可能遇到的知识点关联和阈值概念。因此，在单元教学中，她的前两节课的安排如图1.4所示。

课程主题	呈现方式	迷思概念	回顾	预测	联系	阈值概念
大萧条	2008年金融危机	德国在美国银行的投资	1923年恶性通货膨胀	越来越多的民众支持纳粹	美国经济的繁荣时期	
越来越多的民众支持纳粹	宣传海报游行图片	所有人/没有人支持希特勒	魏玛民主的缺陷	恐慌	民众对苏联的支持率	暴政激起了一系列反应，好人也投身其中

图1.4　一个单元知识点的连贯性

玛雅还发现，做单元教学计划可以围绕问题而非课程来做，如图1.5所示。

通过设计单元教学内容，玛雅可以将重点知识融入每堂课中。而她课程计划的其余部分会很快完成，因为只需围绕重点内容设计。通过计划单元内容，她还可以回顾一年讲授的重点，然后通过测试来检查学生的掌握情况和记忆力。

经验分享

设计课程教学知识

艾玛·麦克雷是布莱顿大学数学教育专业的高级讲师，主攻国际教学培训和学科知识研发。她讲授高级教学技能课程，担任全国数学卓越教育中心职业发展负责人、三级数学研究中心主任、数学教育创新协会职业发

问题	答案	解释模型	要览图	与其他主题的联系	迷思概念	实践机会
固体变成液体的过程叫什么？	融化	大多数学生已经知道这些关键词。	冰、水和蒸汽之间运动的流程图，用箭头标记。	以前关于物质状态的问题。应该在进行过程中讨论它们的预期属性。	学生可能相信只有水会发生这种变化，其他物质不会。务必说明只是以水为例。	融化的冰——可以演示。
液体变成气体的过程叫什么？	沸腾	注意沸腾和蒸发的区别。蒸发是自然发生的（从专业上讲，低于沸点时，物质状态发生转变）。		同上。		同上，随后蒸发。
气体变成液体的过程叫什么？	冷凝			同上。如果掌握了生物学知识，就可以讨论水离开人体的问题。		可以在冬天往玻璃上呼气，但可能导致迷思概念，认为来自体内的气体达到100℃。

图1.5　化学课一个单元的讲解顺序

（亚当·博克瑟提供）

展培训师和“数字化未来”项目的联合创始人。曾担任主管教学工作的副校长，也是一名优秀的资深数学主管。

艾玛·麦克雷发现，尽管教师们专业知识丰富，但就课堂中学科知识共享来讲，效果不佳。她发现要取得良好的效果，除了有专业知识，还要掌握以下五门知识：

1. 考试与课程情境
2. 过程管理
3. 多种教学方法与呈现方式
4. 迷思概念
5. 探究性问题

上课时艾玛要求学生准备几张“学科知识讲义”，涵盖数学课程的专题知识。图1.6中的样例由马库斯·本尼森提供，着重讲解加法和减法。

马库斯是一位刚刚获得教师资格证的新人，来自英国南部城市布莱顿和霍弗。2011年，他开始在波特斯拉德·奥尔德里奇社区学院担任助教，2013年成为数学系的高级助教。后来，马库斯在布莱顿大学攻读中学数学教育学士学位，2017年6月完成教学培训后，开始在布拉钦顿米尔学校工作。他现在教中学数学，学生的水平参差不齐。

QUESTION
1

1.试题案例

一个袋子中有34枚硬币，
吉姆从中取出15枚，
罗斯又放进去17枚。
问题：现在袋子里有多少枚硬币？

7.6−4.83=?

法拉买了：
2支笔，每支84便士；
3个文件夹，每个1.35英镑；
一支铅笔，1.49英镑。
她用10英镑的钞票支付。
问题：要找给法拉多少零钱？

课程要求

- 学会应用加减乘除，包括整数和分数运算的规范书写方式。
- 明白四种运算方式之间的关系，并会使用逆运算。

2.数学学习过程

已备知识	学习内容	实现目标
• 数位	• 整数相加	• 乘法（重复相加）
• 能够数数	• 整数相减	• 除法（重复相减）
• 和为10的加法	• 小数相加	• 周长
• 数制知识	• 小数相减	• 代数（简化的表现方法）
	• 加法是减法的逆运算	• 双向表
		• 分数相加/相减

3.多种教学方法和呈现方式

数轴：

在数轴上标出起始点，然后在数位上，每一栏以不同的数值相加减（往右为加法，往左为减法）

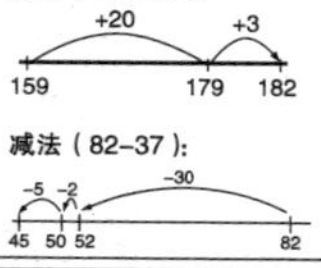

分解法：（分解数位）

加法：	减法：
489 + 231	573 − 341
400 + 200 = 600	500 − 300 = 200
80 + 30 = 110	70 − 40 = 30
9 + 1 = 10	3 − 1 = 2
600 + 110 + 10 = 720	200 + 30 + 2 = 232

行列法：

加法：

```
   3 8
 + 9 3
 -----
 1 3 1
   1
```

确认数字按照它们的数位排列好。如果任何一列的和超过10，则将十位移到左边的下一列(如绿色标记所示)

减法：

```
  6 1
  7 2
 -5 6
 ----
  1 6
```

确认数字按照它们的数位排列好。如果上面的数字小于下面的数字，则从下一列借位（如绿色标记所示）

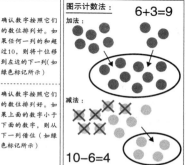

图示计数法：

加法：

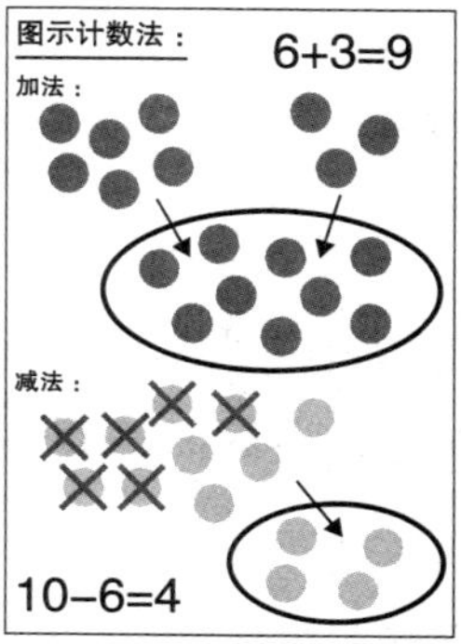

4.迷思概念	5.探究问题
• “9+4=13，但我不知道4+9等于多少。”（不知道在加法中，数字的位置是可以交换的）。 • “我有20英镑，花了12英镑，所以我需要算12−20等于多少才知道找多少零钱。”（将减法误用于这种情景）。 • 5−3=3−5（认为减法中数字的位置可以交换）。 • 加法和减法是不相关的运算（不知道它们是彼此的逆运算）。 • 如果我们要减去的数比较小，我们就把这个数对调一下。 • “我不知道125 + 432的答案，因为这些数字太大了，我数不过来。” • 3−9没有答案，因为3小于9（不理解负数）。 • 在使用行列计算法时，我们如何排列加减问题并不重要（没有认识到数位的重要性）。 • 如果我们要加/减的值有不同的小数位数，那么我们就不能加/减它们（没有认识到我们可以加零作为占位符来完成计算）。	• 思考下列行列法中加减法的示例。哪些错了？你怎么知道的？哪里错了？ $\begin{array}{r} 12.3+ \\ 9.8 \\ \hline 21.11 \end{array}$ $\begin{array}{r} 4.07+ \\ -1.5 \\ \hline 3.57 \end{array}$ $\begin{array}{r} 3.77+ \\ 9.5 \\ \hline 12.127 \end{array}$ • 根据哪些关键词判断需要进行加法/减法？ • 如果你把一个两位数加到另一个两位数上，你能得到个四位数吗？证明你的答案。 • 需要判断自己是否能心算加减时，你会怎么证明？ • 已知26.3 + 35.6 = 61.9，你能从中知道什么？ • 当两个数相减的时候，为什么不能把最大的数放到最上面呢？ • 进行加减法，哪种方法最有用？为什么？ • 加法和减法之间有什么关系？ • 凯尔说7− 3 = 3 − 7……他说得对吗？你怎么知道？ • 当加减数字时，为什么要确保这些数字按照它们的数位排列正确呢？

图1.6　教案中的学科知识
（马库斯·本尼森提供）

总结

玛雅对用这种方式做教学计划兴奋不已，但她同时意识到很多想法并不新颖，在专家型教师看来更是如此。专家们在心里总结出要教授的内容，他们不写教学计划，而是利用空闲的时间反复思考。他们已经对单元教学计划谙熟于心，并可以在其基础上即兴发挥，很自然地利用各种呈现方式和学生迷思概念讲解相关的知识。然而，玛雅认为这种单元教学计划有两个重要的作用：

1. 对于刚接触一门课程的教师来说，明确所需知识点和教学内容为他们带来了便利，这样他们就不用每堂课都准备，也可以准备得更加充分。新教师往往煞费苦心地制订教学计划，反复揣摩要讲授的内容。玛雅相信，她的方法可以帮助教师更快地明确教学内容。

2. 教师和相关部门可以使用这种方法编写、整理他们的教学经验和智慧。课程计划和幻灯片中的内容往往不能随意变动，而呈现方式和迷思概念可以用在任何地方，根据教师的语境、需要和偏好进行调整。玛雅希望合作构建单元教学计划，以帮助教师更有效地分享知识，而不仅仅是口头讲述教师的经验。

玛雅有志成为一名应答能力更强的教师，但她惊讶地发现自己竟然在教学计划上花了这么多时间。玛雅现在很高兴，因为她很清楚学生要学什么以及如何教授这些知识。她认为明确知识点和教学内容不是一种束缚，反而能够提高她的应答能力。正如黛博拉·鲍尔所说：

根据孩子的理解和困惑，我能了解更多信息，从而调整我的教学方式。通过教数学，我可以倾听他们谈论的内容……了解他们在获得理解和领悟前的想法。

没有明确的教学目标和充分的准备，玛雅就不能快速回应学生的学习需求。教学计划明确了教学目的，也提供了应答的工具。玛雅对自己的单元教学计划很满意，所以接下来将重心放在每一节课的教学设计上。

检查清单

1. 对课程是否有清晰的了解？ ☐
2. 大多数学生已经掌握什么知识？ ☐
3. 单元教学结束时，每个学生都知道些什么？
- 事实 ☐
- 术语 ☐
- 人物 ☐
- 过程/因素 ☐
- 图片/图表 ☐
4. 可以采用什么样的呈现方式/讲解方法表述这种知识？ ☐
5. 可能存在哪些迷思概念？ ☐
6. 学生如何与横向知识建立联系？ ☐
7. 如何将知识有效地排序？
- 回顾重点概念 ☐
- 鼓励建立联系 ☐

QUESTION
1

仔细检查以避免：

- 出现模糊和抽象的叙述 □

重要参考文献：

鲍尔. D、杰姆斯. M和菲尔普斯. G（2008）:《教学内容：特殊之处何在？》，教师教育学报，59（5），第389-407页。

黛博拉·鲍尔和她的同事们完善了李·舒曼对教学内容的定义，确定了二级分类知识，包括常识类，即众所周知的知识；内容和学生的知识，即学生可能回应的方式；内容和教学的知识，即教师呈现知识、提出问题的有效方法。

问题 2

如何准备一堂课，让学生最大程度地消化全部知识

教学问题

要讲的课程内容太多，但时间不够。在确定重要的学习内容之前，我们无法对学生的学习状况作出回应。

例证依据

明确教学重点

专注于讲授学科知识

规划学生的认知负荷

教学原则

应答式教师以学术性目标为重心。

实用工具

确定一个重点

筛选内部认知负荷，移除外部认知负荷，增加相关认知负荷

经验分享

教学目标重点突出的优缺点

检查清单

QUESTION 2

教学问题

要讲的课程内容太多，但时间不够。在确定重要的学习内容之前，我们无法对学生的学习状况作出回应。

安迪制订了清晰的单元教学计划，并希望在教学中作出更积极的回应。但事实证明这并非易事，因为每节课都融合了一系列知识和技能，对于学生理解和误解的内容，他不知道应对哪些作出回应。根据同事的反馈来看，这件事变得极为紧迫：

你对学生说，这节课要讲狄更斯的作品《圣诞颂歌》。首先，你让学生联想与圣诞有关的词汇。然后，你让他们用其中的一组词汇写一首俳句，但他们一月份以后就没写过俳句，所以你不得不重讲俳句。当他们分享了自己写的俳句后，你给他们一张纸，写满了文字，概括了从异教徒时代到现代圣诞节的历史。所以，直到我离开教室你也没有提到狄更斯。一节课下来，学生对维多利亚时代没有新的了解，对《圣诞颂歌》更是一无所知。

安迪要求他的学生写俳句，知道圣诞节的历史并了解《圣诞颂歌》的社会背景，但细化教学目标的想法让他大吃一惊。安迪没有解释所有的知识都是有用的，也没有解释他在培养学生的团队精神、专注于应答式教学；相反，他只是回顾了课程计划。这时安迪意识到，他如果想向学生展示怎么算学好这节课（见问题3），检查学生是否实现了这个目标（见问题4和问题5），并提供有用的反馈（见问题6），他需要更清楚地知道想要学生完成什么。所以，他想知道：

- 好的教学目标是什么样的?
- 好的教学计划是什么样的?

例证依据

明确教学重点
专注于讲授学科知识
规划学生的认知负荷

安迪对于自己读到的东西并非全盘接受，但以下三种情况都指向一个结论：如果教学重点更明确，他就能更好地回应学生的需求。

明确教学重点

"这节课会让学生思考什么"是衡量每个课程计划的最佳指标。

安迪想知道，让课程变得有趣和吸引人是否只会分散学生的注意力。为了保持学生的兴趣，他设计了不同的学习任务：一节课做海报，下节课在教室里四处搜寻信息，另一节课让学生在社交媒体上发布帖子，分析人物之间的关系。当然，这种教学方式存在很多问题。首先，布置新任务需要时间进行讲解和熟悉任务内容。其次，他一直让学生完成各种任务，忽略了教学内容，而安迪需要学生重视和掌握的却是教学内容。他一直在推销这门课，把课程内容说得十分具有吸引力。再次，任务的多样性可能分散注意力，例如，思考社交媒体帖子会分散学生对人物的思考。记忆往往与学习环境密不可分。例如，读一篇描述一所房子的文章，如果要求学生以窃贼的视角阅读，他们更有可能记得一扇侧门没有锁；如果要求以购房者的视角阅读，他们更容易记住漏水的屋顶。如果学生的记忆与在社交媒体上发表帖子联系在一起，将阻碍他们在不同语境下记忆知识。

● **小结：安迪决定“根据学生可能想到的内容重新考虑课程计划”**。安迪会确保学生专注于最重要概念的含义。为了帮助他们回忆《圣诞颂歌》中的人物，他会避免用不相干的任务分散他们的注意力。

安迪乐于让学生专注思考相关任务，例证显示他需要制定严格的教学目标，但他并不想这么做。他要求学生们写俳句，了解维多利亚时代的英国，了解不断变化的圣诞节庆祝活动，但例证显示，他们一次可能只专注于一个目标。刻意练习是针对“明确的、具体的目标……以改善学生的表现，而不是继续采用模糊不清的目标”。一次进行多重任务需要在不同任务之间切换，“不可避免地导致注意力的分散，从而延长学习时间，降低学习效果”。安迪意识到学生们会从单一的教学目标中受益，这些目标能让他们集中精力，一次做好一件事。安迪一直遵循迪伦·威廉的建议，分别考虑课程目标和背景。例如：

- **课程目标：**学会写信
- **任务内容：**表达罗密欧遇见朱丽叶的心情

安迪希望学生可以提高写信水平，从而更好地描述罗密欧的情感。但他在想写作练习是否会导致学生分心，使他们不能很好地理解《罗密欧与朱丽叶》。他认为这种教学目标意味着写信是一种可迁移技能，因为要写好一封信，就要了解事情的来龙去脉（见引言）。学生需要知道如何出色地完成一项任务（见问题3），但是，两项任务同时进行（学会写信并表达罗密欧的情感），效果可能不仅没有改善，还会让学生分心。所以他认为“阐释罗密欧遇到朱丽叶的心情”就是一个非常好的教学目标，但将其与写信要求相结合，会限制学生能力的培养，阻碍这两个教学目标的实现。安迪总结说，他需要一次专注于一个教学目标，并且将语境学习作为首要的教学目标。

- **小结：安迪决定一次专注于一个教学目标，一项任务：**他让学生专注于目的性很强的任务，以便提高他们对《圣诞颂歌》的理解。

专注于讲授学科知识

在教学过程中，安迪总是希望培养学生的自信心、积极性和自我效能感①，但看到例证时，他又开始重新考虑该怎么培养。他知道，如果要培养创造性、合作能力和思辨能力，学生首先要掌握学科知识（引言），但他没有想到的是，学生的积极性和自信心可能也需要通过学习学科知识来培养：

> 教师认为学生成绩不佳，可能是积极性不高和自信心不足造成的，所以往往认为在教授新内容之前，提高学生的积极性十分必要，也可以实现。事实上，有证据表明，以这种方式增强学生积极性不太可能实现，即使这么做了，也不会对学习产生影响。对于成绩不好的学生来说，不断失败会导致他们的积极性变差，这是正常的反应。只有逐渐提高他们的学习成绩，积极性和自信心才会提高。

自我效能感，即对个人能力的信心，因学科而异。例如，一名学生可能十分擅长地理，西班牙语却学得一塌糊涂。提升自我效能感的最好方法就是积累经验，其次是借鉴别人的成功经验。安迪给予学生支持，让他们在学业上取得进步，并反思他们的成长过程，从

---

① 自我效能感：指个体的自我推测与判断，推断自己是否能够完成某个活动或行为。——译者注

而提升学生的自信心。相比对学生强行灌输毫无根据的信心，这种方式更有效，因为学生也不是好骗的，不需要的信心对他们来说就是一种煎熬。安迪向学生传递信心，并确保学生能够脚踏实地，一旦他们做到这一点，安迪就展示成功案例（见问题3），并给予帮助，他们的自信心和积极性就会不断提高。

安迪为学生提供机会，增进对自己、他人和世界的了解，从而使学生更加成熟，更加睿智。但课程标准没有明确要求如何发展性格，也没有提出培养性格的可靠方法，他对此感到担忧，然而诸多证据显示教师应该对这个问题予以重视。在讲授二次方程式的时候，安迪想方设法设计一些活动，以帮助学生增长智慧，变得更加成熟。无论怎么设计，安迪都是以社会目的为核心，弱化学术内容，或者给教学任务增加修饰性特点，从而达到弱化学术的目的。多种目的交织在一起往往使目标难以实现。如果要完善性格、提高创造力和认知灵活性，似乎需要有去国外旅行时迷失方向、违反物理定律等经历。安迪的灵感源于国民信托（英国环保组织）列出的在12岁之前要做的50件事——仰望星空，滚下山顶，自己用地图和指南针寻路，等等。这些活动只能在辅助课程和休息日进行，而不能在课堂上开展，他感到很遗憾，比如，在教过去时态时，可以以周二上午10点30分至11点30分从山上滚下来为例，但这种经历是很难复制的。安迪希望帮助他的学生变得成熟，增长智慧，但他决心优先教授他们理解世界和为世界做贡献所需要的知识。如果有机会担任辅导教师，他可以积极带领学生参与课外活动，致力于实现更广泛的教育目标。

- **小结：安迪在课堂中注重讲授学科知识，在课外活动中，注重让学生变得更加成熟，更加睿智。**

规划学生的认知负荷①

认知负荷理论阐释了专注于学科知识的必要性，并提出改进教学的方法。该理论将学习视为图式②的构建，也就是在长期记忆中，形成有组织的知识结构。信息先储存在工作记忆③中，即某一时刻了解的信息，然后形成长期记忆。工作记忆只能用来处理有限的认知负荷，比如，人们可以记住一些孤立的事实（例如，几个数字），或者处理两三条信息。因此，工作记忆的负荷，即学生在想什么，对学习至关重要。一项早期研究将学生分成两组，在解决相同的三角问题时，给他们提出不同的要求：

- 对A组学生提出明确要求（计算出某条边的长度）。
- 对B组学生没有明确要求（计算出任意一条边的长度）。

安迪认为B组学生会做得更好，因为他们的指示更容易实现。事实确实如此，因为A组学生不得不记住更多的内容，他们承受的认知负荷更大，比如，他们要计算出哪些数据，已知的条件有哪些，他们

① 认知负荷是指处理或完成一项具体任务时所需要的思维量。——译者注

② 图式是指一个人不断积累的知识和经验的结构和网络。——译者注

③ 工作记忆的基础是短时记忆，是广度有限的记忆系统，不仅对信息进行储存，也进行加工。——译者注

还需要哪些条件等等，但这些对思考三角函数本身没什么帮助。B组学生记住的内容会更多，学到的也会更多，然而对A组学生来说，要处理好信息就需要相当强的认知处理能力，以至于问题解决后没有多少空间构建图式。学生可以思考如何解决问题，也可以思考有助于长期记忆的任务，但如果任务对他们来说具有挑战性，他们的工作记忆负荷就会加重，无法同时处理问题和回忆任务重点。工作记忆的空间有限，因而限制了学习中转变为长期记忆的数量。在教学设计中，如果忽略了工作记忆的局限性，那么该设计一定存在缺陷。安迪认为结合认知负荷理论设计教学能让学生学到更多。

斯威勒、范·梅林波尔和帕斯（1998）提出了三种认知负荷类型，安迪发现这三种类型为教学设计提供了一个有用的框架：

（1）内部认知负荷：指的是学习复杂内容带来的挑战。如果孤立地学习事实，所需要的内部认知负荷就比较低。学生不知道法语单词“aime”（喜爱）是什么意思，也可以学习“Je”（我）这个词；在化学中，他们不知道“Cu”（铜），也可以学习“Fe”（铁）。而学习某些知识则会产生较高的内部认知负荷。比如，学习句子时学生必须考虑每个单词之间的关系，以确保语法正确；要解释化学反应，就需要理解不同元素之间的相互作用。学习是否要求较高的内部认知负荷取决于学生已备知识的多少，这没有一个绝对标准。法语熟练的人在考虑一个简单句的单词时，可能面临较低的内部认知负荷，但在使用虚拟语气时则需要认真思考。如果任务的内部认知负荷较高，可以对其进行分解，但安迪的首要任务是筛选内部认知负荷，在此基础上认真确认重点。

（2）外部认知负荷：指的是任务产生的分心。这些任务占据了工作记忆空间，却无法形成长期记忆。外部认知负荷包括以下几种情况：

- 分散注意力：让学生同时参考两个信息源。安迪会通过明确所需信息来避免这种情况。
- 信息冗余：是指减弱学习效果的信息。安迪可以删除无关的、分散注意力的标签和文本来避免这种情况。
- 专业知识反效应：提供帮助新手的信息，如标准答案，会妨碍老手。安迪密切关注学习效果，学生能力提高时会减少帮助。

安迪在教学中也可能利用形式效应，也就是同时采用听觉和视觉加工信息。比如，口头描述一个画面，并配以示意图展示，这样能够有效提高学生的工作记忆。

（3）相关认知负荷：指的是有利于形成长期记忆的额外认知负荷。相关认知负荷可以通过给学生分配任务来实现，这些任务在初期可能影响学生的表现，但有助于学生增强记忆，包括采用间隔性学习和不同形式的练习等方法。比如，在一节课中，让学生回答不同类型的数学问题。这么做并不是因为教师想让学生犯错，而是为了作出一些改变，比如采用不同形式的练习，虽然在初期可能导致学生出现错误，但最终会让他们的记忆更加牢固。

虽然安迪意识到认知负荷理论有局限性，但其研究结果已经在很多题目、学科和课堂中得到检验。这些研究结果看起来很有价值，并且还在持续推广。因为只有几个案例经过教学实践检验，所以安迪会谨慎使用。采取不同的练习方式可能适用于语法课，但在文学课中只会给学生造成困惑，毫无益处。因此，安迪可能只是在课堂反馈条上加一个回顾性问题（见问题4），进行间隔性学习。同时，安迪意识到一些辅助学习的方式，比如多样化练习会给学生带来困惑，所以学生并不喜欢。他会向学生解释采用不同教学方式的合理性，或者偶尔也会采取一些相对低效的教学方式，以保持学生的学习热情。安迪发现认知负荷理论能够提供一些有益的观点，但也有不足之处，所以要根据学生的不同状况以及不同课程进行调整。

- **小结：安迪通过以下方式应对认知负荷：**
  - 谨慎选择内部认知负荷。
  - 减少外部认知负荷：删除无意义的干扰。
  - 明智地增加相关认知负荷：提高任务难度，增强记忆。
  - 认识到现有研究的局限性及其发展前景。

教学原则

应答式教师以学术性目标为重心。

实用工具

确定一个重点

筛选内部认知负荷，移除外部认知负荷，增加相关认知负荷

安迪开始做知识结构图和单元教学计划时（见问题1），根据想教授的内容和学生在前一堂课学到的知识（见问题4），做了以下安排：

- 先确定课程的一个重点，然后确认以下问题：
  - 教学重点的关键是什么？
  - 实现这一重点需要做什么？
  - 还有什么其他选择？
- 确保每项教学任务都能让学生思考，构建图式时以课程目标为中心。具体方法如下：
  - 确定哪些教学任务可以使学生专注于思考
  - 最小化外部认知负荷
  - 增加相关认知负荷

方案一：根据课堂活动做教学计划

安迪反思他做教学设计的经历，感到很愧疚。他常用一个小时快速浏览教材后就确定教学重点。比如，讲到食物链，他会设计问

题来激发学生的兴趣：一只兔子住在森林里，它害怕什么，它以什么为生？随后安迪让学生关注重要内容，比如在教室里摆放大量信息，让学生寻找并记录下来。学生们将按顺序排列这些信息，展示哪些生物会吃掉哪些生物，最后制作一张海报，展示完整的食物链。安迪意识到，他主要是通过组织教学活动来完成课程教学（研究显示，85%的教师都是如此）。这么做并不能保证学习效果，因为安迪意识到课程重点和迷思概念很重要，但课程重点和迷思概念是什么，取决于他自己的想法以及学生提出的问题。安迪基于课堂活动设计教学，但并没有设计出他想要的有针对性的教学，因此他需要从教学目标开始规划。

方案二：根据课程目标做教学计划

安迪制定教学目标，要求学生做到以下几点：

- 记住生产者、消费者、猎食者以及猎物的含义。
- 在食物链中确定生物的位置。
- 解释食物链中能量转换的过程。
- 分析食物链中生物相互依存的关系。
- 根据以上几点分析一个新的生态系统。
- 评价食物链中有毒物质的危害。

这些目标似乎更明确，但安迪无法在教学计划中突出重点。他在教学目标中设计了课堂活动，也对课堂活动进行了描述，但没有描述出根本目标，比如，“在食物链中确定生物所处的位置”，可以帮助学生解释能量在食物链中转移的过程；“在句子中使用明喻的修辞手法”，可以帮助学生生动地描述风景。另外，在教学目标中列出的一些内容，安迪并不打算教授。因为学生已经学会了如何在食物链中确定生物的位置，安迪只是想检验现有知识的掌握情况。他为课堂活动设定了目标，但操作时往往淡化了根本的教学目标。如果确定一个教学目标，安迪就需要给学生讲解例子、提供练习、给予反馈，并给学生时间来理解这些内容，然而实际上，他只能通过单一的、重点突出的教学目标来实现。

安迪尝试增加教学目标的难度，但这似乎让他感到困惑。根据布卢姆的教育目标分类法，安迪采用了不同的动词进行描述，所以学生开始挑战更难的教学目标，也就是从简单的“记忆”到“自我评价”。安迪担心这样做会低估记忆关键知识的重要性。安迪发现他可以随意调整目标中的动词，比如准确描述某事可能与分析一样难；让学生解释一个新的生态系统中生物彼此依存的关系和将这些观点应用到新的生态系统中一样难。授课的真正挑战在于内部认知负荷。在食物链中确定生物的位置很容易，但分析生物的相互依存关系很难，因为这要求学生思考生物之间的相互影响。根据布卢姆的分类学制定挑战性学习目标似乎并不奏效，所以安迪打算重新制定教学目标。

方案三：明确关键目标

安迪再次修改了教学目标，以区分他希望学生提升的部分和辅助实现这一目标的活动。他确定了两个关键的目标：

1. 讲解食物链中能量传递的过程。

2. 讲解食物链中彼此依存的关系。

安迪回忆起他设计的教学问题，发现目标模糊且脱离了教学内容。本节课结束时，安迪并不希望学生能够解释任何食物链的相互依存性，只需解释林地食物链中生物的相互依存性就可以了。于是，他进一步明确了以下目标：

1. 讲解林地食物链中能量传递的过程。

2. 讲解林地食物链中彼此依存的关系。

这两点是这节课的关键目标，分析依存关系很难，所以安迪不需要让学生进行“评价”或者“分析”，以免增加任务难度。

安迪设立的目标中，有两个目标并不是课程要求掌握的：

1. 了解生产者、消费者、猎食者以及猎物的含义。

2. 在食物链中确定生物的位置。

但是，这两个目标是安迪实现其他教学目标的前提条件，比如，学生如果不知道生产者和消费者之间的区别，就无法解释能量传递现象。安迪希望学生已经掌握这一知识点，所以没有将其列入教学目标，但安迪会检查学生对这些知识的掌握情况，在必要时也会提醒他们。

安迪又选取了两个目标，但不是必须实现的：

1. 在海洋生态系统中解释依存关系和能量传递。

2. 解释有毒物质流入海洋食物链的危害。

让学生将对林地生态系统的理解应用到海洋生态系统中，这一点更难做到，因为需要用到横向知识（见问题1），这些教学目标也需要较高的内部认知负荷。如果学生要实现最终的教学目标，就必须了解能量传递和有毒物质的影响。安迪希望他的学生能做到这一点，但这并不是这节课的重点，如果有必要，他在下一节课就能够实现这些目标。

安迪对他设定的目标很满意，他的教学目标重点突出：两个主要目标都是具体的、可控的，还有多个挑战性学习目标，这些都需要较高的内部认知负荷。他已经为学生确定了需要掌握的知识，并据此设计教学计划，避免使用越来越复杂的动词来增加教学目标难度。安迪发现内部认知负荷也可以帮助他的同事增加课堂教学难度。比如，在历史课上，学生可能先学习亨利八世面临的具体问题，然后再比较各个问题的重要性。在学习数学时，学生知道3^2就是3×3，但不知道$4+3^2$该怎么计算。在上述的两个例子中，第一个知识点是第二个知识点的前提条件，而且教师需要做出准确的判断，以免加重学生的认知负荷。针对这个问题，内部认知负荷似乎能够提供一个既有用又可用的准则。

安迪制定了明确的教学目标，并设计了相应的任务和活动来实现这些目标，但他对结果并不满意。他回想自己在课堂上搜寻信息的活动，这种做法稍微偏离了教学目的，因为这个过程不仅要构建食物链，也要了解能量传递。为此，他要将二十个现象贴到墙上，比如“谷仓里的猫头鹰每天吃3到4只老鼠”，要求学生们尽快把这些事实搜集起来，然后做成一张海报，展示能量传递过程和生物的相互依存性，并向其他学生展示。安迪意识到这个活动计划加重了学生的外部认知负荷，会影响他们的长期记忆。抄写这些信息不仅会出错，而且会分散学生的注意力，忽视对信息含义的理解。通过制作海报来总结这些信息，主要是为了让学生思考食物链是什么样的，而不是关注其中的能量传递。最后，虽然陈述研究结果为学生提供了沟通练习的机会，但准备时间十分有限，而且理解也过于浅显，这就意味着学生在陈述或听讲时学到的内容可能很少。安迪的学生因外部认知负荷而分心，在教学计划中，他将要梳理、讲解的信息与思考混淆在一起，以致无法形成关键概念的长期记忆。

方案四：消除外部认知负荷

安迪消除了外部认知负荷，他首先通过图表展示能量是如何从生产者传递到消费者的，然后让学生制作生物量金字塔展示能量传递过程，这样他能够模拟食物链中的能量传递和相互依存性（见问题3）。安迪删减了冗余的任务，比如学生自画食物链，这会使他们的思维偏离能量转移和相互依存性这样的核心目标。安迪也删除了一些会分散注意力的信息，比如无用的标签，以帮助学生专注于自己最想记住的内容。安迪很高兴自己从这节课中删减了外部认知负荷，接下来他想知道自己是否可以在教学中增加一些相关认知负荷。

方案五：增加相关认知负荷

安迪发现如果给学生布置额外的任务，最初可能对学生构成挑战，但学生会更容易记住这些重点内容。他打算采用提取练习[①]的方式，以检查学生对词汇和食物链等已备知识的掌握情况，比如，通过一次测试，他就能知道学生是否记住了这节课需要的相关知识，这样在下一节课中就能掌握得更加牢固。就像安迪参加曲棍球比赛时，他的教练采用不同的训练方法一样，安迪也想采用不同的练习，使学生能进一步掌握这些知识的本质，而不是表面特征。一旦学生学会解释林地生态系统能量传递的过程，安迪就会让他们解释海洋生态系统甚至沙漠生态系统能量传递的过程。同样，讲完林地生态系统生物间彼此依存的关系后，他会让学生将同样的知识用于解释海洋生态系统和苔原生态系统。尽管安迪预料到学生在初学这部分知识时记不住多少内容，但下节课再讲的时候学生应该记住更多。他会记着这件事，并提前告诉学生，以免他们感到沮丧。

---

① 一种新的学习策略，指在一段时间内，一次或者多次提取某一个知识点或者学习内容。——译者注

灵活应变

随着规划认知负荷成为一种常态，安迪担心他的课程会变得单调乏味。这门课没有学生和旁听者喜欢的热闹活动，如团队活动和角色扮演。在某种程度上，安迪确信学生学到了更多的知识，接受了更多的挑战，但他偶尔也开展一些更有想象力的活动，并确信这些活动如果以教学目标和认知负荷为中心，效果会更明显。他运用各种呈现方式（见问题1），生动活泼地解释概念。有了明确的目标，结合有效的课堂反馈条（见问题4），安迪确信他能够找出学生知识中的缺陷，并且不轻易相信学生享受任务就能保证学习效果。

安迪意识到，学生学习知识点时让他们参与创造性活动效果会更好。他曾旁听了一节历史课，看到学生激烈争论印度独立战争中的重要人物，十分羡慕。然而，他的同事却说，能有这样的课堂效果完全取决于上一节课讲授的内容，因为在上一节课中，学生阅读、总结并讨论了每个人物形象，因此在这节课开始之前，他们就对课程内容有了充分的把握。当学生对创造性任务的反应依赖他们在艺术、戏剧或音乐方面的才能，或者仅仅依赖他们的已备知识时，安迪会感到很沮丧。现在，随着学生们知识的增长，他们可以更好地把他们的知识应用到创造性的任务中，在明确的指导下，学生可以很好地在实验室内、戏剧或历史课上扮演角色。

安迪想知道他讲课是否过于随意。因为在制定明确的教学目标之前，可能在回答学生的问题时偏离了授课内容。现在，他确定了想让学生学习多少内容（见问题1），也制定了明确的教学目标，所以不会轻易这么做了。安迪得出结论，尽管教学目标紧凑，教学活动也是精心挑选的，在授课时仍需要作出一些调整。当课堂上出现以下情况时，他很乐意暂时转移重心：

- 转移重心对于实现课程目标至关重要。
  - 如果与他预期相反，学生以前从未见过食物链，他就要专门花时间讲授相关知识。
- 他可以把重心重新转移到课程目标上来。
  - 《动物庄园》这本书是在影射俄国革命，即使安迪本不打算在课上分析小说中的狗，他也会考虑为学生提供一个参考。
- 转移重心有助于学生与过去的主题建立联系。
  - 当学生注意到查理一世的独裁统治与亨利七世的权力巩固有相似之处时，安迪会让学生解释两者之间的异同，加强学生对两者的理解。
- 转移重心会引出未来的话题。
  - 当学生们混淆了分数的计算方法和比率的计算方法时，安迪会解释比率计算方法，为接下来的课程做准备。

安迪对单元以及每节课教学目标有了清晰认识后，会将学生提出的问题同课程最重要的内容联系起来，而且不会轻易转移话题，以免影响学生完成当天的教学目标。如果安迪看到转移话题可以带来更好的教学效果，而且还能帮助学生建立知识点之间的联系，他就会欣然接受。如果不能，他就会绕开这个话题继续讲课。

安迪认为，教学的学术性目标有时候没有社会性目标重要。在本学期的第一节课中，安迪首先介绍了重要的概念，突出学习的重要性。但是，对于没有一起上过课的同学，他也会留出一些时间让他们相互了解。一名学生发表了令人不快的评论后，他详细解释了这些评论为什么不可原谅。认知科学表明，教学任务可能让学生感到挫败。比如，一直改变练习方式会使学生缺乏信心，这时安迪就设计一些较容易的任务作为铺垫，逐渐增加任务的难度，并让学生完成。最后，安迪感觉学生偶尔可能需要休息一下，比如，在上午和下午两场考试之间上他的课，他会让学生做一些较容易的事。学术性目标和社会性目标常常干扰安迪的教学计划，他认为自己往往无法同时兼顾两者，所以决定专注于一个目标，发现它的价值，并接受因此失去的东西。

经验分享

教学目标重点突出的优缺点

丽齐·斯特朗长期从事教学实践，担任英语教师，在伦敦卡姆登女子学校教授历史。目前她正在牛津大学攻读理学硕士学位。

你为什么把教学目标制定得更具体更明确?

因为这样做能让我的学生更好地分析文本，我也能深入理解知识在培养技能方面的核心作用。因此，我思考的内容变得更加具体，包括想让学生做什么，他们在课程结束时能学会什么。这一点后来在我的课程目标中有所体现。

例如，在职业生涯的早期讲授莎士比亚的著作《麦克白》时，制定的学习目标很有特点，比如："找出莎士比亚运用语言的特点，并解释其对读者的影响。"

这样的教学目标过于模糊，导致课程教学缺乏方向感和严谨性。如果不能确定我想让学生确认和解释的内容，则意味着我无法帮助他们拓展思维方式，也不能更好地打磨他们的分析技能。阅读《麦克白》时，我知道有一些特别重要的观点、主题、遣词造句或戏剧技巧比其他内容更有研究价值。有了这样一个学习目标，我就会创造一些机会，让学生去学习相关知识。

学习目标还表明，这节课的价值在于发现语言机制并解释它们的作用。这根本不是我们要学习的全部！其实，这节课的目的是抓住《麦克白》中人物与日俱增的内疚感，欣赏莎士比亚如何用文字创造形象，然后让这些形象鲜活地站在我们面前。教学内容与我们想要培养的技能脱节，只会让我们的教学目标变得空洞。

你为什么作出改变?

以一个类似的教学目标为例："在第二幕的第二场中莎士比亚如何暗示麦克白受到负疚感的困扰？"

为了解决上述问题，我需要重新思考我的教学计划，从而作出调整。在制定了课程目标之后，对学生在课程结束前要知道什么、能做什么，我会有更加明确的要求。我通常也会写一些类似于"黄金准则"的东西。例如，我可能写这样的便条提醒自己：

学生要评论舞台说明和台词——"看着他的手，这是一个令人遗憾的景象"，表明麦克白立即后悔谋杀了邓肯……

便条不一定是一个完整的段落，但通过便条，我确实写出了想要的回应（以及语言/思维），而不是像"学生解释舞台效果"这样的表述，这个教学目的更明确、严谨、富有挑战性。

在你预期的结果和想要学生作出的回应之间，你发现有什么障碍和矛盾？你是怎么解决的?

作为一名英语教师，我一直想让我的学生找到自己的声音，做出自己的阐释，希望他们认识到可以从多个角度有效解读一个文本。我选择做一名英语教师是因为喜欢这门课的开放性特质。我感觉英语教学有一种矛盾，一方面，英语教学似乎在推崇该学科的“开放性”；另一方面，教学方式更典型，也更规范。

我一直在努力应对这种矛盾！在某种意义上，我认为这种关系是学科和学校课程体系之间的关系，是健康的、自然的。我知道我是在帮助我的学生，我也十分清楚在课程结束时想让我的学生知道什么，能够做什么。在这个学期和这一年的课程中，在提供练习指导和详细讲解课文的基础上，我会尽量给予学生更多的自由来解读文本。

总体建议

我认为，由于我们经常使用“课程目标”这个词（通常将其看作工作计划的一部分），这个词的含义和设计课程的实际过程有些脱节。

课程目标应该反映出一天课程结束时你希望学生思考、练习的知识和技能，通过阐明标准答案明确你的目标，把它写下来，然后再作计划。

初为人师，如果你不确定完成课程时想让学生做什么，知道什么，那么在场景、章节和主题中，你记忆犹新的信息就是重要内容。

总结

作为一名新教师，安迪尽量使每一节课都与众不同，每个时刻都令人兴奋。回想自己的教学过程，安迪发现设计和解释新颖的课堂活动非常耗时，占用了学生的上课时间，同时，让学生不断思考活动指令也加重了外部认知负荷。把学习伪装成好玩的游戏不会引起学生的兴趣，只有建立具体的、重点突出的教学目标，使课程易于计划，才对学生更有帮助。安迪意识到他的英语课偏离了教学目标，尽管他组织了许多活动，却没有帮助学生更好地理解《圣诞颂歌》。如果重新做一次教学计划，他就能明确自己想让学生知道什么。认知负荷理论和具体的教学目标虽然不能解决教学计划中所有的问题，但为思考如何学习提供了一种有效的方式。

安迪想成为一名专家型教师，也就是“一个在特定时间，由于特定原因选择使用特定教学程序的人”。只有具有明确的目标，知道什么样的活动能让学生进行思考，让学生明白哪些知识更重要，安迪才会心满意足。安迪意识到具体化教学目标会取得非常好的效果，他已经做好了准备，以应对应答式教学带来的挑战。安迪很清楚想让学生学习什么，他也可以告诉学生需要做什么（见问题3），还可以确认学生在课后（见问题4）或者教学过程中（见问题5）是否实现了相应的教学目标，以及是否提供了有用的反馈（见问题6）。

检查清单

1. 到课程结束时，学生应该知道/能够做什么？
- 教学重点是什么？ □
- 实现这一重点需要做什么？ □
- 还有什么其他选择？ □

2. 课堂活动会让学生思考什么？ □

3. 实现教学目标如何增加内部认知负荷？ □

4. 怎样会造成外部认知负荷？如何将其消除？ □

5. 可以在哪个教学环节增加相关认知负荷？ □

6. 如何帮助学生应对挑战？ □

7. 如何以及何时可以适当地偏离你的教学计划？ □

仔细检查以避免：

- 使用没有明确上下文的模糊目标 □
- 出现多个教学重点 □
- 增加外部认知负荷 □

重要参考文献：

斯威勒. J，范·梅林波尔. J. J和帕斯. F. G（1998）:《认知结构与教学设计》，教育心理学评论，10，第251-296页。

约翰·斯威勒和他的同事们重新回顾了认知负荷理论，确定了三种认知负荷：内部认知负荷，由于元素间相互交错形成；外部认知负荷，由设计不当的教学引起；相关认知负荷，一种复杂的认知负荷，一开始会影响学生的表现，但随后会提升学习成绩。作者提出了许多教学技巧，可以将这些原则应用到教学实践中，比如多样化的练习方式，避免分散学生注意力，使用双重编码（比如将文字和图像相结合）。

问题 3

如何向学生展示怎么才算学好

教学问题

学生很难理解怎么算学好。

例证依据

分享学好的感觉很难，样例最关键

展示怎么算学好对所有学生都有帮助，尤其是学习较差的学生

知道怎么算学好能够提高学生的元认知和积极性

教学原则

应答式教师要向学生展示怎么算学好。

实用工具

分享不同质量的作业样例

帮助学生弄清楚何以成为优秀作业

经验分享

帮助学生答疑解惑

检查清单

QUESTION
3

? **教学问题**

学生很难理解怎么算学好。

安妮教学目的明确、目标清晰，但为了教会学生条理清楚地写作，她下了很大功夫。学生愿意用安妮教的篇章结构去写作，但安妮发现他们本应该简写的地方却加重了笔墨，本应该原创的地方却一味地模仿。这次写作艾玛得到了最高分，安妮扫了一眼艾玛的作品，轻轻地放在最下边，心想："艾玛确实写得很好。"艾玛使用了安妮讲授的结构，并创作出真正的原创作品。今天安妮让学生描述恐惧感，艾玛的作业让安妮感到惊喜。是教学效果好，还是艾玛在写作方面具有天赋呢？安妮想知道：

- 她应该如何向学生展示怎么算学好，以及如何学好。

例证依据

分享学好的感觉很难，样例最关键

展示怎么算学好对所有学生都有帮助，尤其是学习较差的学生

知道怎么算学好能够提高学生的元认知和积极性

安妮的学生只有知道怎么算学好，才能达成目标。清晰的、富有挑战的目标可以让学生提高表现、集中注意力、增强毅力并激发对相关知识的回忆，也能增强学生完成任务的信心和积极性。然而，遥不可及的目标并不能赋予学生能动性，也不能提高其执行力，更无助于他们衡量自我效能感。所以，大任务需要分解成“可实现的次级目标”，这些次级目标能够提供“即时的激励和行动指南”。因此，安妮也要向学生分享清晰的近期目标，即成功的愿景。这一观点与刻意练习的研究结果相呼应，研究表明：

刻意练习既产生也依赖于有效的心理表征[①]。通过心理表征，可以监控一个人在练习和实际学习过程中的表现。同时，心理表征展

① 心理表征是认知心理学的核心概念之一，指在心理活动中表现、记录信息或知识的方式。——译者注

示了正确的做事方式，借助它人们能够意识到做错了什么，并进行纠正。

然而，通过向学生展示怎么算学好来创建心理表征极具挑战性。

教师往往很难确切描述他们想要发现什么（或者希望看到什么），但学生表现优秀时他们可以毫不犹豫地辨识出来……教师的学习质量观通常是以隐性知识的形式存在于头脑中，难以言传。

一些具体的描述词，比如“加引号”“标注坐标”以及“用胳膊保持平衡”等可以帮助学生掌握学习步骤。但是，这样的描述词无法表述怎么算学好。比如，“证实你的论点”“目标定得高一点”“有条理地完成任务”这样的描述并没有什么作用，因为如果学生知道如何有条理地完成任务，即使不强调他们也会这么做。而且，这样的描述会让学生有挫败感，认为自己缺乏灵活性。学生作业的质量可能符合教学标准，但还达不到理想水平。这些描述词无法反映学生作业中潜在的优点，也不能清晰地揭示隐性知识，因为隐性知识无法确切表述，无法通过规范的教学方式传授，所以无法证明它的存在。教师只能举例向学生说明问题。学生想知道怎么算学好，就要通过亲自体验，例如，通过许多例子来获取学好知识和技能的感觉。理想情况下，这些范例应该由学生和专家一起检查是否适用。以前，这是由辅导教师完成的，但安妮需要让全班学生都知道怎么算学好，所以她需要亲自检查范例的适用性。但安妮不能直接描述，她需要找到一种方法向他们展示。

● **小结：安妮意识到，制定一系列学习标准，确实有助于检查学生作业的各方面情况，但无法表达她希望学生达到的质量水平，因此需要分享范例。**

安妮发现，根据认知科学研究，有两种方法可以帮助学生明白怎么算学好。

（1）样例效应

学习范例对学生作业质量的提升有很大的影响。学生看过样例后，学习效果似乎会更好，学习效率也会更高，在有明确解决策略的任务中（比如数学）或者有多种处理技巧的任务中（比如英语作文），样例教学法都取得了很好的效果，这一效应甚至在合作等行为方式以及艺术等课程中也得到了印证。然而，从学习样例到举一反三并不是一个水到渠成的过程，因为学生可能没有全身心地投入其中。

（2）完成问题效应

完成问题效应是样例效应的一种演变形式，例如，给学生一个待完成问题，让学生补全步骤，体会怎么算学好。检查学生是否知道下一步该怎么做，可以快速检查学生的已备知识。这样做似乎减少了外部认知负荷，帮助学生创建了心理模型①，并将所学用于处理新的问题。

安妮想将样例和完成问题方法应用到教学过程中。交错使用两种方法似乎更有效，即先讲授样例，然后让学生去解决问题，彼此交替。教师的讲解几乎无助于理解样例（这就说明单凭言语解释如何算学好是很难实现的）。相反，让学生自己说出样例的优点可能更有效，但最重要的是学生能够认真学习样例。

- **小结：安妮决定在教学中**
    - 使用样例教学方法
    - 使用完成问题教学方法
    - 交替使用两种方法

清晰展示怎么算学好似乎对所有学生都有帮助，对已备知识掌握不充分的学生更有益。如果学生对某道题目的知识掌握不足，他就能从样例中受益匪浅；而对充分掌握已备知识的学生来说，解决问题时则不需要太多的指导。学习较差的学生常常因为模糊的学习目标而苦恼。例如，对于比较擅长数学的学生来说，他会明白1+2不只是计算（1+2）的一个步骤，也是一个抽象的概念，可以联想到其他数学知识，知道多种方式都能得出3；而对不擅长数学的学生而言，1+2只是孤立的计算步骤。因此，

① 心理学术语，从本质上来讲，心理模型是结构化、有组织的知识。——译者注

能力强的学生认识到之前讲授的加法运算不是游戏的最终目标，能力差的学生只是按照要求去做，即学会数数，后来他们感觉自己好像被骗了，因为他们发现游戏已经进入了更难的阶段，而自己落在了后面。

通过向学生展示怎么算学好可以解决学习中模棱两可的地方，这对学习较差的学生最有帮助。如果向学生展示如何评价他们的作业，以及如何评价其他同学的作业，与没有受过相关指导的学生相比，这些学生能掌握更多的事实性知识、概念性知识，以及更多的探究能力，而且不会影响成绩优异的学生继续进步。安妮发现，对最需要帮助的学生来说，展示怎么算学好很有效。

另外，安妮了解到，向学生展示怎么算学好似乎还可以提升他们的元认知和积极性。元认知就是学生监控自己的学习状态，相应地调整自己的认知活动，会对学习产生积极的影响，对学习能力较差的学生和高年级学生更有帮助。学生的自我监控取决于准确的自我评价，即他们“逐渐了解什么是优秀作业”，以及与之相比，自己的作业质量如何。帮助学生准确地进行自我评价，并制订相应的教学计划对学生的学习有巨大的影响。另外，这种展示也能调动学生的积极性。怀特和弗雷德里克森（1998）发现，学习较差的学生上交的作业会出现雷同（抄袭其他同学的作业），但如果在学习小组内展示成功范例，“几乎不会出现这种情况”。所以，如果要帮助学生实现自主学习和合作，这种展示似乎是必要前提。当安妮看到六年级学生可以相互合作时，她意识到这是因为经过多年的学习，他们已经知道学好知识和技能是什么样的，所以他们之间能够进行有效的合作。

- **小结：安妮希望通过分享成功范例鼓励学生，并提升他们的元认知。**

教学原则

应答式教师要向学生展示怎么算学好。

实用工具

分享不同质量的作业样例

帮助学生弄清楚何以成为优秀作业

安妮想要：

- 分享样例，让学生明白如何成功完成任务。
- 帮助学生发现样例的重要性。
- 帮助学生利用样例完善自己的作业。

方案一

安妮已经为这节课制定了明确的教学目标（见问题2），她尝试根据教学目标向学生展示学好这节课的标准。安妮也考虑让学生参与制定学习目标，让他们用自己的话重写学习目标，或是将学习目标补充完整。但是，安妮发现这种方式有一个明显的缺陷，比如，学生可能这样描述目标，“写得更有文采”；或是这样陈述如何实现学习目标，“使用更具体的动词”，但这样的表述不能保证他们写作时会使用更好的动词。于是安妮解释学习目标，或者直接告知学生，比如，“这节课我们要学习分数乘法”；有时学完知识后向学生提出他们力所能及的问题；有时会给学生提供一些引导性的材料，比如一张意想不到的图片；有时也会帮助学生设计一些有价值的问题。有时安妮让学生回忆以前的教学目标，并与当下学习的内容联系起来。分享教学目标似乎是一种激励方式，也很有意义，因此安妮想让学生知道每节课的学习目标。然而，她也意识到这并不能帮助学生明白怎么算学好，所以她需要向学生讲解样例。

方案二

通过日积月累的学习，你可以很好地完成任务。比如写好一个句子，掌握一种解题方法或完成一篇论文。安妮想让学生知道怎么学好以上内容。她考虑告知学生评价机制是什么，和他们一起通读描述词，或者和学生一起修改描述词，以弄清楚她要达到的目标。于是，她开始制定评价标准：

- 使用反问句。

- 表达你的观点。

然而，根据自己的经验，安妮认为这样的目标列表会造成学生经常随意使用反问句。虽然目标列表有助于学生完善作业的某些方面，例如，检查小数点是否正确，首字母是否大写了。但是，她希望学生知道什么时候使用反问句。安妮一直试图描述优秀的写作，教他们表达隐含的观点，但没有成功，进一步解释似乎也无助于此。然而，也不能向学生说得过于详细，否则会严重束缚他们写作能力的发展。安妮注意到，评价机制往往有局限性，无法告诉学生什么最重要。检验学习效果只有一个标准有价值，即反问这种方式是否有效。例如，写议论文的时候你可以问："你的写作有说服力吗？"学习数学时可以问："你的解题方法清晰准确吗？"但是，困难在于要和学生说明论证以及清晰解题的要素是什么，不能只是阐明问题的表征。与研究样例相比，详细描述如何学好知识和技能似乎没什么帮助。

方案三

罗恩·伯格说样例"为我和学生渴望实现的目标设立了标准"，安妮也从中受到了启发。伯格使用往届学生的作业、视频、其他学校优秀学生的作业以及专业人士的范例，让学生"体会高质量作业是什么样的"。卡罗琳·马西通过研究奥兰多·菲格斯等历史学家的作品，展示了历史题材的写作。安妮会挑选好的范例和学生分享。刚开始她担心，如果给学生标准答案，他们就会抄袭，但后来她认为模仿也是学习初期的一部分。不给出标准答案，他们就不能在做作业时作为参考。而且，她确信抄袭的作业可以很容易被识别出来，所以安妮决定把样例留给他们做参考。然而安妮又想，只给学生展示一个样例是否有效，因为参考的样例单一，学生可能无法判断好的样例和一般样例之间的区别。所以，她要帮助他们进行比较。

方案四

安妮决定展示不同质量的作业样例。对比水平参差不齐的例文，学生能更好地理解优秀作业的标准，从而提高自我评价和选择写作策略的能力，最后提高他们的写作水平。对比似乎

有助于学生形成差异化的知识结构，使他们能够深入理解在故事创作中应该包含哪些好的细节描写，应该避免哪些差的细节描写。这样学生能够发现写作的不足之处，并制定相应的策略进行纠正，也会更愿意主动校正和完善。

安妮找出一篇前一届学生写的优秀作文，并向同事借用了一篇两年前学生写的普通作文，自己也写了一篇较差的作文，其中有许多常见错误。安妮决定在单元教学的前期阶段和学生分享这几篇文章，让他们在构思和写作时作为参考。然而，分享范文可能还不够。安妮

担心学生可能不明白什么成就一篇佳作，他们会着眼于标点符号和篇章长度，虽然这两点十分必要，却不足以成就一篇优秀作品。另外，如果只是简单对比范文，学生的理解能力和自我评价能力不会自然而然地提高。学生需要仔细思考什么算佳作：

我们不能简单地假设通过展示佳作就可以培养优秀的写作能力。教师还需要做些别的事情，比如，分解复杂的任务，或是强调佳作的出色之处。

方案五

安妮回顾伯格的教学过程，发现他和他的学生这样使用样例：

我们坐下来赏析样例，一起评论和探讨怎么能更好地完成作业。例如，如何使一篇创意写作引人入胜、令人激动？科学或历史研究项目为什么意义重大、震撼人心？为什么一个新颖的解题方法会如此让人惊叹？

安妮明白了为什么“对学生有利的评价机制”是有帮助的，因为优秀作业的标准只有学生用自己的话阐明才有意义。安妮告诉学生评价机制，但学生必须从学习样例开始，理解样例，确定样例可以达到的标准。然而，安妮起初没有明白这一点，只是在照搬这一教学技巧。安妮给学生布置任务，帮助学生批判地看待样例，并用自己的语言描写成功范例。她找到了几种有效的方法：

（1）对比范文

首先，学生分别阅读范文中写得好的、一般的以及较差的段落。这就像“找出差异”游戏一样，学生要将每段的优缺点标记出来并进行描述。安妮会和学生一起讨论优秀段落的优点，然后将最差的段落改为作业，让学生学习完各个段落的优点，对其进行改写。

（2）明确标准

学生分别阅读一篇好的实验报告和一篇差的实验报告，并逐节进行比较，从而确定优秀实验报告的特点。这对学生来说是一份检查清单，这样学生在撰写自己的报告时可以参照这张清单，而不只是对照一份报告标准来写作。

（3）对比各个可能的选择

安妮向学生展示问题、句子或情节发展，这样在接下来的写作中，可以为学生提供可选择的词汇、数字或者情节。比如，用哪个句子可以准确地总结论点，哪个单词能使句子在语法上准确无误。安妮每次都会向学生提出一个关键问题（见问题5），检查他们的选择，然后让他们解释作出选择的原因。学生习惯于把每一个步骤和每一个词看作一种选择，力求最好。

（4）检验提升效果

安妮将较差的段落和改进后的版本与学生们分享，展示写作过程。然后，她让学生找出哪些地方做了修改，并解释这样修改的好处。最后，她重新发给学生一段较差的段落，或是他们自己的段落，让他们以同样的方式进行改进。

（5）现场示范

如果安妮在授课过程中发现了一个问题，想告诉学生正确的做法，她会现场给学生做示范。她可以在黑板上修改、校订学生或者自己的作文，并提问学生下一步该怎么做，以及为什么要这么做。安妮发现这是为全班学生提供反馈的有效方法（见问题6）。

（6）阐明样例的优秀之处

讲完样例后，安妮让学生把记住的内容写下来。有时，为了让学生归纳整理，她会提出一个泛泛的问题。比如，“你会给这个样例的作者提什么意见呢？”有时，她会让学生给自己的作业制定目标。安妮在单元教学过程中会回顾样例，对于感到困惑或经常犯错的学生，她会让他们回顾优秀样例，找出自己漏掉了什么环节，或者让他们再回顾较差的样例，确定自己陷入的误区。有时，安妮先让学生自已写答案，再参考样例，这样在开始写作业时，学生就能有效判断样例的可取之处。

经验分享

帮助学生答疑解惑

迈克尔·皮尔珊自2010年起，在大学毕业几个月后，一直在纽约市担任一名数学教师。除了十几岁时做的一些兼职：保姆、夏令营辅导员、棒球场百事可乐小贩、家教等——多多少少都和教学相关，这是他唯一一份工作。

虽然我教数学，但我上学的时候，数学对我来说并不容易，我的数学成绩也不好。但我比较擅长几何，因为几何重在证明，而我恰好擅长证明。

我开始教课后，发现许多学生正好相反，对他们来说，几何证明既奇怪又烦琐。证明过程需要将相关条件以多种方式组合起来，而这似乎会让学生迷惑不解，这种情况在我从教初期十分常见。

在头几年的教学中，我为此垂头丧气，慢慢地才明白证明技能为什么如此难教。证明所要求的能力与写作最接近，而写作本身离不开阅读。一个从来没有读过论文的学生怎么可能写出论文呢？所以，我的结论是学生需要阅读更多的证明题。

又花了几年时间，我才明白如何在课堂上做到这一点。但让我感到极度失望的是，学生没有认真学习我给他们的证明样题。我一般会发一份完整的证明题，让全班同学仔细阅读。然而，很多时候，他们似乎忽略了证明的全部要点。原因是他们不知道该怎么阅读，读样题也不够仔细。

现在，当我在课堂上分享证明材料时，学生的表现就会好很多。与之前不同的是，我更好地理解了证明中常常忽略的信息（在教学中，如果你很熟悉一个题目，很可能出现错误）。我需要帮助学生弄懂与证明相关的各个方面。

除了更好地理解证明的细节，我也学会了用更有效的方式设计我的教学活动。我将这些活动分为三种：

1. 列举证明范例
2. 理解这个范例涉及的问题
3. 以范例为模板，练习证明

顺便说一下，这个教学流程不是我独立设计完成的。我阅读了认知负荷理论（在认知负荷理论中，证明有时被称为“配对样例”），同时参考了一些精心设计的课程材料中的证明案例（事实上，直到我看到这些课程材料中的许多案例，才真正明白如何示范教学。我也需要设计一些例子）。

例如，今年，我为学生设计了如图3.1所示的证明示例。

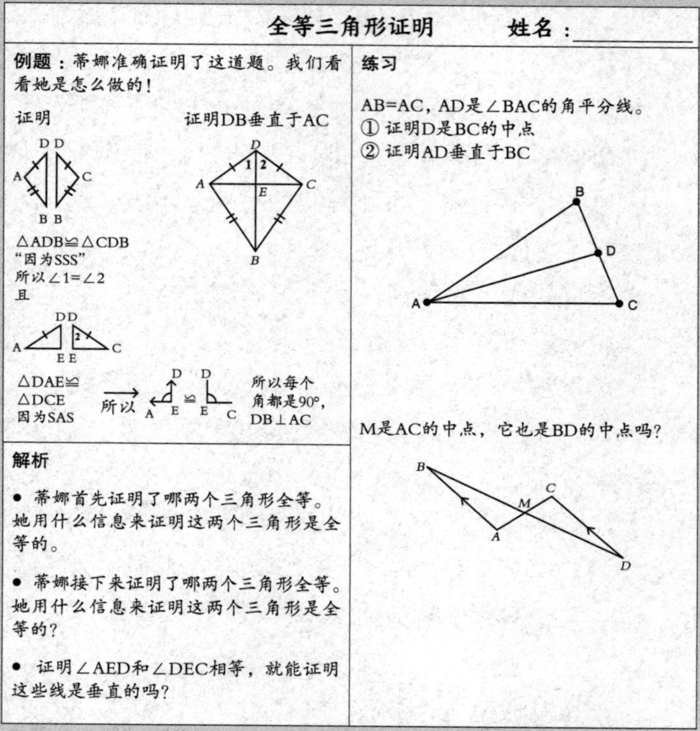

全等三角形证明 姓名：

例题：蒂娜准确证明了这道题。我们看看她是怎么做的！

证明

证明DB垂直于AC

△ADB≅△CDB
“因为SSS”
所以∠1=∠2
且

△DAE≅△DCE
因为SAS

所以

所以每个角都是90°，DB⊥AC

解析

- 蒂娜首先证明了哪两个三角形全等。她用什么信息来证明这两个三角形是全等的。
- 蒂娜接下来证明了哪两个三角形全等。她用什么信息来证明这两个三角形是全等的？
- 证明∠AED和∠DEC相等，就能证明这些线是垂直的吗？

练习

AB=AC，AD是∠BAC的角平分线。
① 证明D是BC的中点
② 证明AD垂直于BC

M是AC的中点，它也是BD的中点吗？

图3.1 证明示例

现在看来，这个示例并不完美。它看上去显得有些拥挤，如果去掉一些字母缩写会更好。在课堂上，我会把证明的每个具体步骤遮住，从而让他们专注于思考每一部分。

无论如何，这个示例用到了教授证明题时学到的知识。在数学中，三角形全等问题的两段式论证很复杂，我想解释清楚，所以我尽量给学生列举清晰易懂的例子。随后，我让学生回答关于这个证明的三个分析问题，其中有许多细节需要注意，但学生自己还不知道如何注意这种证明方式的基本结构。最后，我让学生用学到的知识解决两个相关的问题，这样学生就会发现，有一些方法可以应用到不同类型的题目中。

如果我的证明活动设计得不是那么严谨，我会尽量使用多种证明活动，并增加练习的机会。图3.2展示的证明比较简单，但我还是会让学生根据第二个提示完成证明：

姓名：__________

$\overline{CS} \cong \overline{HR}$，$\angle 1 \cong \angle 2$

$\overline{CR} \cong$ HS?

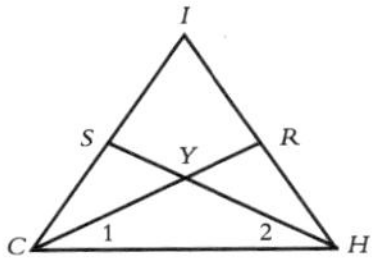

蒂莫西的论证

CR=HS

因为如果∠ICR更大，在保证∠1=∠2且CS=HR的情况下，HS长于CR

路易斯的证明

CR≌HS

因为你把这两个三角形分开，根据SAS就可以确定两个三角形全等。

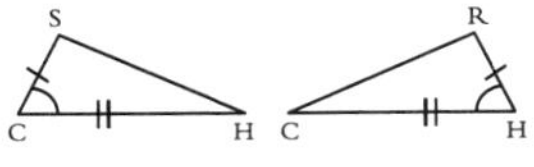

① 论证是错误的，那么错误在哪里？

② 如果要改正错误的论证，必须要添加什么信息？

图3.2　完成证明示例

有时我和其他教师讨论例题，他们担心学生会不假思索地模仿例题。我知道他们为什么担心，但我的学生没有这么做。我认为部分原因是如果我认为数学题目很难，甚至对许多学生来说根本无法解决，我会先不公布样题。但难免会出现误用例题的情况，比如对于一些不复杂的题目，如果我先讲解例题，学生就会不假思索地模仿。

我的工作之一是帮助学生答疑解惑，比如，数学论证的逻辑结构。我会让他们知道，即使掌握形状的少许信息，也能推理出更多的内容。如果学生遇到棘手的问题，我会设计一个教学活动，为他们打开数学的一扇小窗户，让他们看到新鲜事物。

总结

安妮找到了合适的方式向学生展示怎么算学好知识和技能。她试图记住，学生所表述的标准只是关于学好知识和技能的描述，这些描述可以帮助学生回忆并弄清楚他们需要做什么，但这些标准是从样例中抽象出来的，并不能替代样例。她还回忆了专业知识反效应：当学习者掌握的知识较多时，如果仍使用对低知识水平学习者的教学方法，就会对学生产生负面影响。学年初，安妮帮助学生全面明确学好知识和技能的要点，之后她希望学生借助更少的帮助就可以确认学好的特征。最后，她会在反馈时再次回顾这些例子（见问题6）。如果学生明白了怎么算学好，安妮就可以强调他们的作业和范例之间的差距，或者让他们自己找出差距。这样学生能够更加理解样例的特征，对自己作业的质量也有了更清晰的认识。所以，为了向学生展示怎么算学好，安妮需要清楚学生学到了什么。

检查清单

1. 找到、获取以及编写不同水平的样例。 ☐
2. 基于样例，确认学生需要清晰了解的要点。 ☐
3. 设计一个任务，能使学生专注于具体问题。 ☐
4. 设计问题，促使学生深入思考。 ☐
5. 考虑让学生改进较差的样例，作为待完成问题让学生去做。 ☐
6. 设计一种方式让学生记录他们学到的知识。 ☐
7. 计划讲解本单元后面内容时回顾样例。 ☐

仔细检查以避免：

- 只示范优秀样例 ☐
- 学生没有机会接触样例 ☐

重要参考文献：

萨德勒. D. R.（1989）:《形成性评价与教学系统设计》，教学科学，18，第119-144页。

萨德勒解释了反馈和自我监控如何发挥作用：教师分享范例，引导学生体验和理解如何学好知识和技能，并帮助他们缩小理想的学习水平与自身表现之间的差距。

评注

因为我希望阐明教学原则，所以在这本书中列举的教学原则的例子，既有成功的，也有几乎失败的。

问题 4

如何判断学生在课堂上学到了什么

教学问题

如果没有直接的测评方式，很难知道学生在课堂上学到了什么。

例证依据

我们需要客观地评价教学效果。

我们应该尽早发现学生在学习中的错误。

教学原则

每节课结束时，应答式教师要评价学生的学习效果，并作出应答。

实用工具

给学生布置的作业要涵盖这节课所涉及的知识点，并能测试出学生学到了什么，以便据此作出回应。

教学应答

分类、探究以及决定如何回应学生

经验分享

这些经验和评价一样有助于规划教学

不要单独使用课堂反馈条

设计一些问题，以检查学生的知识缺口

检查清单

QUESTION
4

？教学问题

如果没有直接的测评方式，很难知道学生在课堂上学到了什么。

迈克知道他想教什么，也根据这个目标专心授课，并向学生展示怎么算学好。上完一个小时的课，学生冲出拥挤的教室后，迈克才慢慢放松下来。他意识到，尽管他认真备课，学生们也努力学习，但他并不确定学生到底学到了什么。学生很忙，因为他们需要用多种方法练习过去式。然而，他仍然无法回答最重要的问题：

1. 学生真的理解教学内容了吗?

2. 他们准备好上下一节课了吗?

如果迈克可以回答这些问题，他应该也能回答另外两个重要的问题：

1. 这节课我的教学方法有用吗?

2. 作为一名教师，我有进步吗?

例证依据

我们需要客观地评价教学效果。

我们应该尽早发现学生在学习中的错误。

根据例证，迈克需要仔细检验授课效果，但不能只靠良好初衷和常规做法得出结论。在迈克看来，如果大多数学生感觉自己学得很好，面带笑容，且时常做出“啊哈”的回应，即使某个学生仍困惑不解，他也会暂时忽略，并认定这节课的效果很好；相反，如果授课中出现了棘手的状况，或是有个别学生明显表现出困惑，尽管大多数学生都达成了教学目标，他也会认为这节课是失败的。迈克意识到用这种方式检验授课效果过于粗浅，虽然很容易操作，但并不能说明学生在学习，比如：

- 学生很忙，已经做完了很多作业（尤其是书面作业）。
- 学生很投入，兴趣浓，积极性高。
- 学生得到了关注：包括教师的反馈和解答。
- 课堂秩序井然，授课情况正常。
- 课程内容已经全部讲解完了（也就是以某种形式呈现给学生了）。
- （至少一些）学生给出了正确的答案（不管他们是否真正理解这些答案，或者他们是否能够独立解答）。

如果保持心平气和、思考和投入的状态，学生的学习效果就会很

好，但即便如此，他们也可能一无所获。令迈克惊讶的是，就连专家也误

德尼斯（1996）回顾了131项反馈研究，

带来了更差的效果。他发现一些常用

狱生活以防犯罪的计划。随机对照

的人比不参与试验的人更有可能犯罪

务繁重，通过这种方式防止青少

女孩儿来照顾一个“虚拟婴儿”。

有17%怀孕了，而没有照顾虚拟

这些看似合理的方法显出弊端。

研

，如果他们得出的实验结果都

可

生带来的影响就更无法确定。

一

数方式都行不通，所以最好

假设

一种方法来确认问题所在，

这比

课程结束时，他需要让学

生明白

课时听讲和表现积极就意

味着他

迈

。他需要学生掌握一节

课的内容

能掌握足够的知识来理解新

知识（引言）。迈克应该知道他的授课效果是基于“学生学得有多好，而不是他认为自己教得有多好”。基于他的努力作出的判断无法检验出授课的实际效果。研究表明，如果了解学生的学习内容，教师就会改变教学方式，并提升学生的学习效果。但还有阻碍因素，而且往往是心理上的，因为人们总是从最好的角度看待自己。比如，教师往往认为他们的工作对学生有益，如果学生的成绩超过他们的预期，他们就会接受，但如果比预期差，他们就会在心理上予以否认。迈克意识到，尽管检查自己的教学效果有弊端，但还是能够惠及学生。

- **小结：迈克认为客观衡量教学效果优于主观衡量教学效果，同时意识到必须克服负面结果带来的不安与苦恼。**

迈克发现，在课程结束时检查学习效果可能将学习和表现混为一谈：

- **学习**是行为或知识上的持续性变化。
- **表现**是行为或知识的暂时性波动，可以在习得过程中和习得后立即观察和衡量。

提高表现的教学策略可能阻碍学习，弱化表现的教学策略可能帮助学生更好地运用知识，并更长久地记住这些知识。比如，要求孩子做同样次数的投掷：

- 距离目标2英尺和4英尺
- 距离目标3英尺

一开始，那些距离目标2英尺和4英尺投掷的人命中率很低，但在随后的3英尺投掷测试中，他们比最初从3英尺投掷的人做得更好，因为尽管多样化练习使最初的任务变得更难，但提高了学习效果。同样，随机完成16道不同的数学题要比把相似的问题放在一起做更难，然而在一周后的测试中，那些回答随机组合问题的人答对了三倍以上的问题。大卫·迪多认为，由于表现和学习有时结果相反，再加上许多学生可能模仿标准答案，所以无法有效评价教学对学生学习产生的影响，也不能相应地调整教学方法。迈克意识到，如果在课程结束时检测学生学到了什么，可以发现学生目前的表现呈波动状态："如果用这个指标衡量学生长期的学习状况，则漏洞百出。"尽管如此，迈克还是想知道学生在课程结束后学到了什么，要做到这一点，他不能关注学生答对了什么，而应该关注学生答错了什么，因为只有错误答案才能反映出学生的知识缺口，他才能据此采取应对措施。迈克通过复习单元的重点知识来应对学生遗忘的问题（见问题1）。然而，要真正理解重点知识可能需要更多的时间，不止一节课，但如果他不检测，就不会知道这节课的效果如何。在课程结束前，尽管他可能在某个节点检查学生对知识的理解程度，但检查时间超过一节课似乎不可取（见问题5）。迈克意识到学习和表现是不同的，在课程结束时，学生不能完全消化他们学习的内容，但他仍然下定决心及时发现学生的错误和迷思概念，并迅速作出回应。

- **小结：在课程结束时，迈克会检查学生学习的内容，以快速确认问题。**

教学原则

每节课结束时，应答式教师要评价学生的学习效果，并作出应答。

实用工具

给学生布置的作业要涵盖这节课所涉及的知识点，并能测试出学生学到了什么，以便据此作出回应。

为了明确学生学到了什么，迈克需要做一个测试，涵盖以下几点内容：

- 概括本节课的重点（基于迈克对问题2的解决方案）。
- 学生可以快速完成（或者无论如何都能完成）。
- 他能快速检查（以便每节课都能测试）。

迈克还没有找到经过测试验证的实用工具来实现他的目标，因此，他只能自己设计工具以满足他的需求。

方案一：课后作业

迈克可以利用课后作业检测学生学到了什么，比如：

- 写下你刚刚学到的三个知识点，两个早已知道的知识点，一个想了解的知识点。

- 今天课程中哪些内容让你困惑不解？
- 你还能在哪些地方应用今天学到的内容？

然而这些都是开放性问题，也许并不能证明学生是否理解了课程重点内容。虽然一些回答可能确实有帮助，比如，“我对电磁波一知半解”“我需要更努力地学习”，但这并不能说明问题出在哪里，迈克也不知道该如何作出回应。答案确实可以反映出学生的自信心，但他无法判断学生学到了多少（见问题5）。迈克意识到课后作业要设计得更有针对性。

方案二：检查学生的作业

迈克可以检查学生在课上写的所有内容，或者只检查主要作业。这种方式比方案一的针对性更强，但可能耗时较长，因为如果检查一名学生的作业要花两分钟，检查完所有学生的作业就是一个小时。即使在检查学生的作业时不写评语（见问题6），他也很可能因为作业量太大而难以抽身。但即使这样做，也不能明确判断学生是否达成了课程目标，他会发现存在的问题太多，无法全部解决。与其在学生的作业中漫无目的地搜集信息，不如根据目的收集数据，比如，迈克会围绕他想了解的内容设计教学任务。

方案三：关注主要任务的某一点

迈克可以评价学生作业的一个方面。例如，他可能重点评价：

- 段落的概论句。
- 一个涵盖了课程目标的问题。
- 图表或绘图的关键特征，如坐标轴是否正确标记。

这样他就可以利用学生正在做的作业，快速检查学生对知识的理解程度，并作出应答，这种方式还不会占用额外的上课时间。然而，用作业的一个方面来概括是否实现教学目标是以偏概全的做法，很难实现，与此同时，他还需要确保学生是独立完成这项作业的。如果一个问题或一份作业概括了这堂课的知识点，迈克就可以用来检测学生学到了什么，并且他设计了课堂反馈条，以测试没有覆盖到的知识点。

方案四：设计课堂反馈条

迈克可以设计一张课堂反馈条，来概括课程目标，这种作业既可以在短时间内完成，又可以快速评价学生的学习效果。一张有效的课堂反馈条应该具有以下特点：

- 可以有效推断学生的学习状况：
  - 准确区分理解的不同层次
  - 发现学生的迷思概念

- 提供有用的数据：
  - 涵盖课程的重点内容
  - 聚焦关键知识
  - 题目结构充分合理，可以得到清晰的回应
- 重点突出，操作便捷
  - 可以快速作答
  - 可以快速评价

以英语课为例

方案1

讲完撇号的用法后，迈克在课堂反馈条上写的第一个问题是：

什么时候应该使用撇号？

然而，学生的答案似乎不太可能把他们学到的知识都涵盖在内，这就可能导致杂乱无章，而且他们也不能快速作答。迈克只能从学生的答案中一点一点筛选他们已经理解的内容。

方案2

迈克这样设计：

下列句子中，撇号位置正确的，请打√；

位置不正确的，请打×。

1 She's been hungry all day.

2 There are lots of dog's around here.

3 We were all very sad about Tim's illness.

4 Its Tuesday today.

这种问题很容易回答，也很容易评价，因为回答格式是统一的。但是，迈克可能很难确定学生究竟理解了哪些内容。如果一个学生选择在“She's been hungry all day”后打钩了，他是否明白哪个词是缩写，或者是否认为“she”拥有“hunger”？另外，这种作业不需要太多的思考，也很难判断学生是否在猜测答案。

方案3

迈克试图寻找一种可以快速检验学习效果的方法，这种方法同时能更好地显示学生的思维活动：

下列句子中，如有必要，加上撇号。

1 Hes very angry.

2 My dogs are unhappy.

3 Its on its way.

4 The ladies cars.

每个句子都反映了学生对撇号用法（和误用）的理解。

以数学课为例

方案1

在教会学生如何相加分母相同或不同的分数后，迈克会问：

① $\frac{2}{7}+\frac{3}{7}=$

② $\frac{1}{5}+\frac{2}{6}=$

根据这两道题，迈克可以判断学生是否会把这些分数相加，但并不能证明学生是否会计算总和大于1的题。于是，迈克又问了另外几个问题。

方案2

① $\frac{2}{7}+\frac{3}{7}=$

② $\frac{4}{5}+\frac{3}{5}=$

③ $\frac{1}{5}+\frac{2}{6}=$

④ $\frac{2}{3}+\frac{3}{4}=$

通过这几组题，迈克不仅可以判断出学生是否会计算分母相同或不同的分数加法，也能测试出他们是否会计算总和超过1的分数。迈克可以提出更多的问题，但所需的额外时间也增加了不少。

其他例子

迈克可以根据事实知识、学生掌握的技能或他们的理解设计一张课堂反馈条。例如，在法语课上，他可以用一张课堂反馈条来测试学生对冠词的掌握情况，比如，他要求学生：

用正确的冠词填空。

1 J'aime bien ___ foot.

2 Je voudrais ___ stylo.

3 Je visite ___ montagnes.

4 Je mange ___ pomme.

他可以测试学生应用知识的能力。例如，他可以从《罗密欧与朱丽叶》中选取三段与罗密欧性格有关的引语，例如罗密欧的台词："让支配我前途的上帝指导我的行动吧！哦，精力充沛的先生们。"为了检测学生是否能够解释引语对揭示罗密欧性格的重要性，他会要求：

"罗密欧性格鲁莽"，解释这些引语如何能够印证这一观点。

迈克根据课程目标设计了课堂反馈条，这样他能够用同样的引语来测试学生运用知识的不同方法。如果他想测试学生总结罗密欧性格的能力，他会要求：

写一个关键句，用每条引语描述罗密欧的性格。

为了测试学生是否可以从文章中挑选出相关内容，以佐证对罗密欧性格的描述，他会要求：

"罗密欧性格鲁莽"，找出支持这一观点的三条引语。

最后，迈克可以检测学生对一些概念的理解，比如：

金属物体下沉，是因为它的重量吗?

QUESTION 4

为什么有人会把恶性通货膨胀（1923年）和大萧条混为一谈？

准备课堂反馈条

设计时，迈克给学生提供不同形式的问题。根据提示，学生似乎能更直接、更准确地进行回复，所以他：

- 设计重点问题。
- 限制学生答案的长度。
- 明确答题要求，例如，“在你的答案中，要有三点内容出自文本。”
- 在课堂反馈条中设置多项选择题（见问题5）。

不过，他更重视开放性问题，要求学生自己组织答案，而学生一开始在回答“亨利八世为什么脱离罗马教会”这样的问题时，答案组织得可能并不是很好，通过下节课提供反馈，迈克可以帮助学生理解如何组织答案，然后让学生进一步练习。随着时间的推移，他会平衡固定答题格式和自由发挥题型之间的关系，逐渐减少在答题格式上的限制。

迈克用的反馈条形式多样，包括使用纸条、打印纸、学生书本中的题目和在线表格。纸条可以更快地分类，打印的纸张可以有更大的结构布局，课本可以留下记录，在线表格可以自动生成评价。根据班级和学生的学习情况他可以选择合适的方式。

有时间时，迈克会提前预测学生的答案，并对学习效果作出如下评价：

- 该学生已备知识充分。
- 该学生基本掌握了重点知识。
- 该学生持有很多迷思概念。

通过这种方式，迈克确定了学好知识和技能的最低标准，有助于确定是否可以通过课堂反馈条得到想要的回应，并了解到学生需要多长时间才能完成问题（迈克预计学生答题的时间为自己的两倍）。借助课堂反馈条，迈克开始解决学生学习中出现的错误和迷思概念，如果发现学生不能顺利完成课堂反馈条上的题目，他也会修改课程计划。

创造机会，让学生进行提取练习

迈克可以使用课堂反馈条复习之前学的知识，因为对过去学习的内容进行测试能显著提高学生的记忆力。迈克尝试将课堂反馈条中的问题分为两部分：一部分是当前课程中的问题，另一部分是回顾性问题。设置回顾性问题有两方面原因：一是因为复习计划的要求；二是因为过去某个题目与当下的内容相关（见问题1）。迈克认为提取练习很重要，但他也担心会给自己增加过多的负担，所以他通常不评价学生的提取练习，只是在课堂上讨论或让学生自我评价。

教学应答

分类、探究以及决定如何回应学生

设计应答方式

整理了学生的答案后，迈克想根据这些答案设计下一节课。连续五节课都使用课堂反馈条的话，迈克最后拿到的就是150张纸条，如果查看每张纸条要花两分钟，一共要花五个小时。认真设计这些问题本来就已经影响了教学任务，他还要集中进行应答。迈克力求务实，以帮助最多的学生取得最大的进步，同时坚持求精取向，帮助每名学生获得最基本的理解。为此，他遵循了三个步骤：分类、探究与决定。

（1）分类

迈克将课堂反馈条分成三类：

- **很好**：学生完全理解了
- **一般**：学生对学习内容一知半解/掌握正确答案的部分信息
- **很差**：学生根本没有理解

记录每个学生的表现很麻烦，但迈克发现，这种记录很有价值，既可以检查学生的学习效果，也可以检查学生对特定概念的理解程度。

（2）探究

迈克试图找出学生的难点。根据学生学习中出现的错误和迷思概念，或者深入探究五个学生答案的特点，迈克区分了“一般”和“很差”两个层次。在检查课堂反馈条上的分数题时，学生出现了以下错误：

- 将分子和分母分别相加（$\frac{5}{7}+\frac{3}{7}=\frac{8}{14}$）。
- 没有用公分母，而是用了最大的数作为分母（$\frac{3}{5}+\frac{4}{6}=\frac{7}{6}$）。
- 没有约分（$\frac{3}{5}+\frac{4}{6}=\frac{38}{30}$）。

（3）决定

如果所有学生回答得都很好，迈克会将课堂反馈条收回来，然后继续讲课。如果所有学生答得都不好，他就重新讲一遍，然后将反馈条返给学生修改。通常情况下，学生都能改正，但有的学生仍会改错。迈克能够做到以下几点：

- 下一节课开始时复习重点：
  - 把重点内容作为事实直接阐述出来：一个常见的错误是……，一定要记住……
  - 以间接的方式阐释，用新例子重新讲解重点内容：“罗密欧说的这句话告诉了我们什么”，使用他在单元教学计划中整理的呈现方式（见问题1）。

- 向学生展示（见问题3）：
  - 分享一个学生的标准答案，并讨论其优点。
  - 分享一个部分正确的答案，并带着学生一起完善。
  - 分享三个不同的答案，让学生比较各自的优点。
- 分别用不同的颜色标记很好/一般/很差的答案，让学生修改或扩充他们的答案，并为每组学生提供适当的指导（见问题6）。
- 根据学生的学习需求，同他们一起完成任务（见问题6）：
  - 在课程教学中，与某个知识点学得差的或学得好的学生坐在一起讨论问题。
  - 依据最合适的步骤，设置差异化的学习任务。
  - 将学生两两分组，给他们不同的答案，并让他们对比每个答案的优劣。

对分数问题的课堂反馈条，迈克会这样做：

- 示范不同分母的分数相加。
- 提醒所有学生如何找到公分母，并选择一名高效完成课堂反馈条的学生在黑板上展示。
- 通过讲解例子，强调常见错误。
- 让学生做五道练习题：
  - 一道分母相同的加法题。
  - 两道分母不同的加法题。

  ○ 两道分母相同的减法题。

- 学生独立做练习时，检查困难学生的完成情况。

什么时候开始讲新内容

迈克必须决定要花多少时间复习以前的知识：教授新内容时，是暂时不管没有“学会”的学生，还是继续复习，浪费“已经学会”的学生的时间。对于要花多少时间复习前一节课的知识，迈克依据两个方面来判断：一是这些重点内容在教学单元中的重要性；二是教学计划的复习时间（见问题1）。这个问题不容易解决，但迈克会设定最低要求，并据此来决定复习时间。如果可以，迈克希望确保每名学生都能理解重要内容，因为像数学这种需要逐渐积累的科目，取得进步需要掌握每个专题的知识。对那些已经掌握的学生来说，可以让他们加深理解，而且他们也可能忘记上节课所学的内容，附加练习对这些学生没有坏处。实际上，这种方式造成了“超额学习”，即在掌握知识点后仍加以练习，这会显著提高学生的长期记忆（或者更确切地说，忘得更慢）。

在教学实践中作出回应

强调复习课程的必要性有很多种方式。迈克可能会说：

- 昨天有同学没有认真学习。
- 因为有一半的同学没有学会，我们需要再讲一遍。
- 即使用一个学期的时间，你们也要学会这个知识点。

即使迈克说得都对，但向学生传达愤怒情绪，或者指出他们的失败，无疑显示出教师的挫败感。如果当时学生正全力以赴地复习和改进，迈克应该在强调以前课程内容重要性的同时，告诉学生他相信他们能够学好，并表示他盼望他们掌握好细节。比如，为了让学生复习数学题，迈克试着这样说：

你们的课堂反馈条很有帮助，我们找到了学习的薄弱环节。昨天我们做了许多复杂的加法题，今天，我想让大家复习一下，以便记住几个要点……：

（复习后）

现在，大家要做五道练习题，有几道题对你们来说可能有点难，请记住我们刚刚讨论过的三个规则。答题时间三分钟，开始吧。

经验分享

这些经验和评价一样有助于规划教学

不要单独使用课堂反馈条

罗文·皮尔森是菲尼克斯学院的英语系主任。该学院位于伦敦西部，是一所面向11～18岁学生的男女混合学校。今年是罗文教学的第六年，他对教师发展越来越感兴趣，尤其喜欢研究有助于教师改善教学的方法。

你的教学方式有什么变化?

一开始，我认为课堂反馈条只能起到承上启下或者锦上添花的作用，但出乎意料的是，我最后发现它和评价一样是教学设计的重要工具。毫无疑问，这种方式并不能全面衡量学生的进步情况，原因在本章其他小节中已经阐明。当然，如果课堂反馈条重点突出、与教学目标紧密相关、检测内容经过严格筛选，就能快速检测一节课的教学效果和学生的进步状况。但在与其他尝试同样方法的教师讨论时，我发现了一个无法回避的问题，就是一旦收回一摞课堂反馈条，该如何处理呢?

针对这个问题，所有教师的处理方式都是相似的，就是将课堂反馈条作为一种衔接方式，过渡到下一节课的预热活动中。这种办法不需要把知识从头讲一遍，不需要与学生重新互动、检测学生已备知识，也不需要吸引学生参与，但需要与上节课的内容无缝衔接。使用这种教学技巧，我可以把课程视为一个完整的学习链，而不是孤立的学习片段，即使在学习中也不会断开。在我的教学计划中，只能利用学生的反馈来直接满足他们的学习需求。

这或许并没有什么新的启示。注重整体思维的教学方法有诸多好处，这已成为教育界不争的事实。实际上，教学计划和教学工作中期总结就是专门为实现这个目的而设计的。教育学理论中的理想主义与日常教学实践中的现实主义相脱节，而在很大程度上，我利用自己的教学经验解决了这个问题。正因为如此，教学反馈条如实有效地反映了上一节课的教学效果，又成为过渡到下一节课的有针对性的高效方法。在我有限的教学工具中，它成为有益的补充。

你在使用课堂反馈条时遇到了什么障碍？
你是如何克服的？

我发现在课上要使用新的教学方法，就需要获得学生的认同和支持，这一点很难。你需要他们心甘情愿地配合你的工作，而不仅仅是走过场，这点也很难。随着时间的推移，我发现在我工作过的五所学校中，第四关键学段的学生越来越注重学习成绩（比如，“学习这门课程如何帮助我获得A”），并越来越质疑教学方法改革。学生抱有实用主义观念，注重结果而非学习过程，不信任与应试方法相违背的任何改革。

所以，首先我必须充分发挥课堂反馈条的作用。为实现这个目的，我尝试了多种与它相关的方法。比如设计视觉上看起来独特的题目；不断使用课堂反馈条，每节课都表扬学生的良好表现，同时指出他们的错误。我之所以这么做，是因为只让学生在课本上记下不懂的内容没有意义。这听起来可能有点老套，但如果你真想把课堂反馈条做成工艺品，对学生的学习会有很大帮助；如果你希望所有的学生在课程结束后都能轻松应答，借助一些视觉上看起来不同的东西很有帮助（而且，浏览

30张A5大的纸比翻阅30本到处都是批改痕迹的作业本更快）。

除此之外，在接下来的课程中，我还会向学生展示完成得最好或最差的练习题。突然间知道自己要受到表扬或是要受到批评，会对学生产生很大的影响。教师会马上查看反馈条，而不是等到两周后，因此从某种意义上来说，这种方式把基于项目的学习优势融入了一个更传统的学习过程中。把上节课的反馈结果发给学生更能明确说明学习是持续不断的过程。

你对课堂反馈条的总体思路和建议是什么？

对于使用课堂反馈条，我的建议是希望与其他教师合作，并且和新的教学手段相结合。也就是说，不要单独使用课堂反馈条！但也不是说你要与其他教师共同制订教学计划，或者进行团队教学，而是与其他教师共同探讨这种方式的成功或失败经验。这样，你就会深入思考如何更好地使用课堂反馈条，使之与你的教学目的更契合。坚持使用这个方法，你会感觉自己是在完善教学过程，无论是对教学资源、教学活动本身，还是对后续的教学计划，都会产生课堂之外的影响。总之，它很有启发意义。

最后，暂时先别管课堂反馈条。在你把教学技巧放在一边之前，试着写下你的“黄金法则”：什么对你有用？你是怎样克服困难的？学生最喜欢什么？即使你的答案只有几行字，也会让你在未来的教学中更容易找到自己的落脚点。

经验分享

设计一些问题，以检查学生的知识缺口

杰森·查哈尔是一名小学教师，在过去的五年里，他一直在萨福克北部的滨海学校教书。杰森目前在教授第二关键阶段课程，在那里他经历了第二关键学段结束前的考试。他对评价，尤其是操作性强的形成性评价方法有着浓厚的兴趣，这源于职业生涯初期，他在教师培训期间阅读了迪伦·威廉的著作《嵌入式形成性评价》。为了提高自己的教学水平，他开始在教学中运用不同的技巧，并随着时间的推移不断在课堂上发展并完善其应用。

大约三年前，我开始使用课堂反馈条，当时我教的是第二关键学段的后半段，负责小学阶段最后两年的课程。起初，我认为在数学课上使用课堂反馈条很容易，可以轻松设计问题并快速得到简短准确的答案，但事实并非如此。以下是我的失误：

我把课堂反馈条看作一种有用的工具，用来凸显我的教学有多“出色”，或者检验学生在一节课中的进步情况，即教学成果的展示品。这与英国教育标准办公室、学校领导和顾问们追求“快速取得进步”的论调不谋而合，在我任职的学校更是如此。当时这所学校正等待英国教育标准办公室的检查。当然，我不是一个“出色的教师”，学生在课程学习中也没有“快速取得进步”。

我很快就明白，在当时的课程/学习阶段，课堂反馈条的主要用途是了解学生的知识掌握情况和理解程度。我突然意识到，这些反馈条的真正价值在于告诉我们下节课要做什么。令听课教师沮丧的是，我发现比起收集一堆打满对号的课堂反馈条，找出学生的错误答案更有帮助。

我现在明白，我一直将学习视为一个过程，它会随着时间的推移而不断进步。而我怀疑，听课者仍热衷于将课程视为时间单元，在这期间学习者要“快速地进步”。然而我知道，连续两年授课后，学生可以在一节课上表现得很好，但六周后，即使教授同样的内容，学生也可能忘记之前课程中本该掌握的大部分内容。在我看来，教师这一职业的发展离不开这样一种信念：所教即所学，最好的教师往往能够在课堂上做到这一点。因此，收上来一大堆回答错误的课堂反馈条，看起来教学效果不佳，但它实际上只是表明教师发现了学生没有学会的内容，因此实施了一项评价策略，以判断学生在那个特定阶段的理解状况，并为未来的课程教学做出调整。正如迪伦·威廉（2013）所说：

学生没有学会我们教授的内容，这是个简单的现实，影响却很深远，这意味着可能要将评价作为有效教学的核心过程，如果学生学会了我们教授的内容，我们就不再需要评价，只要把我们所有的学习经验进行整理编辑，并确信这就是他们所学到的知识。

当我在教授一个水平参差不齐的班级时，课程结束后，对于课堂反馈条上的问题，我会进行差异化处理。这些问题都与我想要评价的目标有关，但问题的难度都是精心设计的，与学生的能力相匹配。我甚至在上课之前就预料到了他们的理解程度。我提出的问题可以区分出不同的理解能力，所以分别写了三组题，期望每组学生都能够回答。但是，这种方式会影响数据的有用性。

我认为，虽然我的目的是评价学生对这节课内容的理解，在三次差异化设计问题后，我已经忽略了学生可能掌握哪些内容以及没有掌握哪些内容。接下来我放弃了使用这种差异化问题，取而代之的是一个问题，要求学生进一步阐释对于课程的深入了解。

我变得懒惰，所以我开始试着提出“即时”问题：上课时我会在教室里走动，记下学生犯的错误，据此设计问题。如此设计的问题和得到的答案并非我需要评价的内容，也无助于判断是否继续讲授新课程。而且，在计划下一节课的教学时，这种方式也没有什么帮助。那时我就知道了，我的教学目标和问题设计没有密切关联。

以一个算数题为例（见图4.1）：通过分解的方式来讲解减法的规范写法。课程重点是讲解如何使用规范的写法，以及在需要借位的地方如何遵循算法。课程结束时，我想知道学生们是否理解了算法，是否能够在各种情况下自如地使用它。所以，我设计了一个问题来检查，在这个问题中，有一处正确的借位，但在0作为补位数字并需要进行额外借位时出现了一个常见错误。问题如下：

这个计算正确吗？能解释一下你是如何推理的吗？

$$\begin{array}{r} 6\;0\;\not{6}\;1 \\ -\;2\;7\;5\;6 \\ \hline 4\;7\;0\;5 \end{array}$$

图4.1 算术示例

学生可能的反应如下：

- 没能发现错误，由此推断，当0作为补位数字时，学生往往不知道如何计算。出现这种情况主要是因为学生认为如果最初始的借位是对的，整个计算过程都是对的。
- 通过计算可以发现错误，也能发现需要从千位数上借位到百位数上。通过算法写出正确答案，从而证明自己理解了相关内容。
- 可以发现错误，能够明白0是补位数字。能够进行正确运算并说明错误所在，并且通过使用数学语言，比如，补位数字、负数和借位等进行纠正。

如上所示，这种技巧可以将学生分为三类：一是没有掌握运算规则，虽然发现了正确借位，但没有发现0作为补位数字时计算是错误的；二是能够找到错误，并正确运算，理解运算法则；三是能够发现错误、纠正错误，并能够解释为什么出错。

我现在开始意识到精心设计的问题极富价值。我发现，要使问题设计得好，就需要集中注意力、投入大量时间并注意细节。在课堂上使用之后，还需要花时间进行反思，根据学生的听课反应，调整教学方式。所以，在未来，我会花大量的时间思考如何设计好的问题。

我不会一直利用从课堂反馈条中搜集的数据，也不会总是用它来设计下节课的教学。因为有时候，我时间紧迫，工作也很繁重，而学生的水平参差不齐，得到的反馈也多种多样，很难将之用于下一节课的教学。我试着写评语（把课堂反馈条夹在书中），让他们根据评语作出回应，但结果是一团糟。因为我不能从学生的回应中获得任何有意义的信息，也无法为调整下一课的教学做准备。

如果我用的数据不是来源于学生，使用课堂反馈条就没有任何意义了。应该说，在应答式教学中，我要根据上节课的内容以及学生的掌握情况，结合课堂反馈条来设计下一节课的教学，以促进学生取得进步。

总结

我们可以确认学生学到了什么。

我们可以改进自己的工作。

在迈克看来，要确定学生在课堂上学到了什么，课堂反馈条并不是唯一的方法，但他还没有发现另外一种方法可以同时具备课堂反馈条的便捷性和有效性。通过课堂反馈条，迈克可以快速判断学生学到了什么，并据此调整下一节课的教学内容，弥补他们在理解上的不足。课堂反馈条作为一面镜子，不仅反映了学生学习的课程，也有助于迈克更清晰地计划教学，在下一学年中进一步完善单元教学设计。在几个月内，课堂反馈条都取得了很好的效果，但是，迈克却着急起来。他想知道能否确定学生们上课时在想什么，因为等到课程结束再了解学生的想法就太晚了。

检查清单

1. 教学目标：你的教学目标是否清晰？ □

2. 检测方法：现有任务能否将学习的成功经验简要地涵盖到学习目标中？ □

可以：跳转到第四点

不可以：设计一个课堂反馈条，具有以下特点：

- 可以有效推断学生的学习状况：
  - ○ 准确区分理解的不同层次 ☐
  - ○ 发现学生的迷思概念 ☐
- 提供有用的数据：
  - ○ 涵盖课程所有重点 ☐
  - ○ 以课程重点内容为主 ☐
  - ○ 结构充分合理，可以得出明确的回应 ☐
- 重点突出操作便捷
  - ○ 可以快速作答 ☐
  - ○ 可以快速评价 ☐

3. 倒推法：教学目标设立得合适吗？这门课能帮助学生取得成功吗？ ☐

4. 评价学生的学习任务：

- 分类：很好/一般/很差 ☐
- 探究：学生对哪个部分困惑不已？ ☐
- 决定：如何满足他们的学习需求？ ☐

5. 设计下一步的教学：

- 力求务实：帮助最多的学生取得最大的进步。 ☐
- 求精取向：让每个学生的理解力都能达到必要水平。 ☐

6. 计划下一步的教学：正面引导和求精取向。 ☐

7. 反思教学工作：怎么能在下一节课中把这一点讲得更好？ ☐

仔细检查以避免：

- 冗长且模糊的问题，因为你无法回答。 □
- 提出问题，但没有时间回答。 □

重要参考文献：

纳托尔. G（2007）:《学习者的隐秘生活》，第1版，惠灵顿，新西兰：新西兰教育研究委员会

格雷厄姆·纳托尔竭尽全力去理解学生的学习状况和学习过程。他通过记录每个学生在一个学期里所说、所写和所听的每个字，并将它们与教师的目标进行比较，力图证明人们是多么容易忽视学生思维的复杂性。

评注

感谢尼克·哈西的精心设计。

问题 5

如何了解学生在想什么

教学问题

教师很难判断学生在想什么，所以学生可能在课程学习的整个过程中不断犯错，也没有解决迷思概念。

例证依据

我们有必要监控学生的思维活动

我们需要知道每个学生在想什么

我们应该检查学生对学习内容的掌握情况，而非检查他们对学习的信心

教学原则

应答式教师要跟踪检查学生的理解程度，并调整课堂教学。

实用工具

利用一个关键问题，快速找出迷思概念。

教学应答

计划为先

确认教学模式

鼓励学生重新思考

经验分享

“每个错误答案都揭示了一个问题”

关注学生的学习，而非表现

增长学科知识

检查清单

QUESTION
5

?

教学问题

教师很难判断学生在想什么，所以学生可能在课程学习的整个过程中不断犯错，也没有解决迷思概念。

萨拉不仅制定了明确的教学目标，而且运用了行之有效的样例和课堂反馈条，即便如此，她依旧无法确定学生在想什么。萨拉讲解了百位、十位和个位之间的区别，然后让几名学生解释。提问之前，她会先问：“大家喜欢今天的学习内容吗？”她发现，回答问题的学生中，有些人咧着嘴笑，有些人似笑非笑，还有少数人目光躲闪。几位学生相继回答问题，但几分钟后，全班学生似乎变得越来越困惑，就连刚刚回答问题的学生也不例外。萨拉停了下来，检查学生理解了哪些内容。她问的问题越多，越发现许多学生误解了关键概念。萨拉边授课边检查学生对知识的理解程度，但这种方式收效甚微。因为一些学生乐于回答问题，导致教师没能发现其他学生的困惑。如果问“大家喜欢今天学习的内容吗”，学生知道正确的回答就是“喜欢”，此时萨拉假装在检查，学生假装理解了教学内容。但萨拉没有强迫学生，学生也没有给她压力。所以萨拉就在想，这是否解释了为什么课堂上没有发现的迷思概念，在课堂反馈条上却出现了：

- 她怎样才能知道学生在想什么呢?

例证依据

我们有必要监控学生的思维活动

我们需要知道每个学生在想什么

我们应该检查学生对学习内容的掌握情况，而非检查他们对学习的信心

教学的核心是要改变学生的思想，包括他们知道什么，相信什么以及如何思考。在某种程度上，如果想改变学生，教师就要不断地解读学生的思维活动，比如，他们的注意力集中吗？他们理解了什么，或者不理解什么？他们到底是怎么想的？

萨拉能够预测学生学到了什么，但她还需要密切监控，因为如果不知道“学生的思维活动、学习技能和态度发生了什么变化，你就不能真正知道自己的教学效果如何”。课堂反馈条固然有效，但只在课程结束时才能发挥作用，而萨拉想在授课过程中就跟踪记录学生的思维活动，以便及时作出回应。萨拉想在讲解教学内容的同时就检查学生对知识的理解程度，以便进一步阐明要讲解的内容。同时，萨拉还想知道，在让学生自主运用重点概念之前，他们是否已经理解了。

另外，萨拉想单独了解每个学生的想法，但时间有限，因此她选择利用零散的时间和每个学生交流，以获取需要的信息。据研究，选择题和讨论答案似乎对大学生的学习产生了显著的影响。知道学生在想什么，萨拉就能确定之前预测到的学生的迷思概念是什么，从而以新的讲解方式和呈现形式进行应答（见问题1）。

- **小结：萨拉想在课堂上回应学生思考的内容和迷思概念。**

跟踪记录每个学生在想什么

萨拉意识到，她可能忽略了一些学生。本杰明·布卢姆（1984）指出，尽管大多数学生从一对一辅导中受益颇多，但有五分之一的人学到的知识并不比在课堂中学到的知识多。他认为，这在一定程度上是因为，

大多数班级中的学生受到了不平等对待。观察课堂上师生之间的互动，你会发现教师经常对一些学生进行指导和讲解，而对另一些学生置之不理；教师总是给一些学生鼓励和支持，另外一些学生则没有；教师还会鼓励一些学生积极参与到课堂中来，而对另一些学生的态度却是消极的。研究发现，通常情况下，教师对班级排名前三分之一的学生给予的关注最多，而对后三分之一的学生给予的关注和支持最少。

显著影响学生自愿回答问题或被提问的因素，主要是性别、种族和成绩。萨拉根据学生的回答判断他们是否理解了学习内容，但她得到的信息是不完整的。有时，被她点名回答问题的学生是她认为能够回答正确的学生，因为她知道一个错误的答案会影响课程的连贯性。如果学生缺乏信心，萨拉就不会当众提问。对不听讲、不努力和没听懂的学生，她会单独进行交流。不管是有意的还是无意的，萨拉会根据一些学生的表现来判断学生对知识的理解，然而，她的教学只是回应了一部分学生的需要，而不是全班学生的需求。萨拉意识到，有些学生在课堂上自愿回答问题，但仅根据少数学生的回答，并不能判断整个班级学生对知识的理解状况。为了满足学生的需求，萨拉不能只是验证答案的对错。她需要听取每个学生的意见，了解他们的想法。

- **小结：萨拉想知道每个学生在想什么，而不只是那些乐于参与课堂互动的学生在想什么。**

不要依据学生的信心判断学生对学习内容的掌握情况

以前，萨拉都是根据学生的信心检查他们对知识的理解程度，也正因为如此，学生的答案几乎没起到什么作用。萨拉希望她的学生可以评价自己的学习状况，但在许多情况下，学生会误判自己学会了多少内容。有一项针对重症监护病人的研究显示，如果医生对他们的诊断“完全确定”……那么误诊的可能性高达40%。这表明，

（教师）认真对待不确定性是明智之举，如果表现得过度自信，只能说明一个人在脑海中构建了一个连贯的故事，而这个故事不一定是真实的。

学生同样容易过度自信，“没有接受过相关训练，大多数学习者不能准确判断自己在做什么和不知道什么，所以课程结束后，他们往往会高估自己对知识的掌握程度”。学生缺乏“必要标准判断自己的学习状态，也缺乏必要知识监控这一状态”；他们只是依赖不准确的线索，比如学习时的感觉，而不是回忆某个知识点的难易程度。掌握的知识越少，越会高估自己对知识的掌握情况，因为他们很难判断自己学得怎么样。萨拉从中得出结论：用信心来衡量能力并不合适。

即使学生可以准确判断他们的学习状况，学生之间的监督也会让他们隐瞒实情。因为学生不想在同学面前显得自己很愚蠢，也不想耽搁上课时间，所以他们不会在课上提问。比如，

很少有人会在课上说：“老师，其实我不太明白您说的植物细胞的刚性结构是什么意思。”他们不想因此影响班级其他25个人听课。当时，即使他们知道自己不懂什么，也可以快速地描述清楚，但几乎没有人会在全班同学面前这样做，不仅害怕尴尬，也担心会占用多数同学的时间。他们认为只有自己没听懂，占用时间提问对其他同学不公平。

为了改变课程节奏，提供教学支持，萨拉会检查学生的信心。但是，在检查学生的信心时，她不会直截了当地问："大家觉得自己能够解释这个过程吗？"相反，她会选择更难的问题，比如："你们能够完成这个过程吗？"只有当学生知道必须证明自己的信心时，萨拉得到的自我评价才是真实的，也就是说只有当她听到学生自己的解释时，她得到的信息才是有用的。所以，萨拉会直接检查学生对所学内容的理解。

- **小结：对萨拉来说，知道学生理解了什么比知道他们是否自信更有用。**

教学原则

应答式教师要跟踪检查学生的理解程度，并调整课堂教学。

实用工具

利用一个关键问题，快速找出迷思概念。

为了跟踪了解学生对知识的理解程度，萨拉需要：

- 快速发现学生在想什么。
- 听取全班学生的意见。
- 关注教学内容，而不是学生的信心。

方案一：使用意外获取的信息

萨拉总是快速回应意外获取的信息，因为根据学生脱口而出的发言，往往能够了解他们对知识的理解程度或持有的迷思概念。这样的发言，无论是对学生自己还是对其他同学，都可能具有启发性，比如："你先做加法，然后再做乘法"，或者"国王难道不能随心所欲吗"。然而，萨拉并没有因为意外获取的信息感到高兴，因为学生们可能不愿说出他们的疑问，她听到的只是学生谈论的一小部分。所以，她需要一种目的性更强的方法。

方案二：提出问题，获取学生对知识的理解状况

萨拉会通过提问检查学生对知识的理解程度，比如，在讲运算顺序时，她可能问学生：

计算3×4+2，我们第一步要做什么？为什么要这么做？

根据学生的回答，她能判断学生是否知道应该先计算乘法，再算加法。如果萨拉仔细挑选学生、提问意想不到的学生、询问许多学生或是用棒棒糖随机挑选学生来回答，那么就能更好地反映学生的思维活动。然而，这种方式一次只能了解一个学生的想法。如果从一个学生那里得到明确的答案需要30秒，那么4个学生就需要2分钟。此外，学生的答案会重复，这样就掩盖了他们对知识理解的不确定性。

在讨论和模型思维[1]训练中，提问个别学生是有意义的，但对萨拉来说，要想追踪记录全班学生的理解程度，这种方式太慢，效率也太低。萨拉还是需要倾听所有人的想法。

方案三：检查全班学生对学习的信心

为了判断全班学生的学习状况，萨拉可能让所有学生以举起或放下大拇指的方式回答下列问题：

- 到目前为止，你对我们讨论的内容有信心吗？
- 你们准备好做练习题了吗？
- 你练习题答对了吗？

通过这种方式就可以了解全班学生的想法。然而，萨拉只能知道学生认为自己做得有多好，或者学生希望萨拉和同学知道他们做得有多好，而不是他们实际上做得有多好。萨拉希望学生能够提高自我认知，但未经证实的自信无助于此，所以检验他们的信心可能没什么意义。只有告诉学生后期肯定会有一次测验，才能得到真实的回答。萨拉可能让两到三个学生进行回答，从而判断他们对学习的信心，但这种方式又带来了新的问题，就是个别问题不具有代表性。即使回答真实，所得到的信息也可能是不准确的，因为信心并不能很好地衡量学生的能力。所以，萨拉需要检查学生对知识的理解程度，而不只是

① 一种综合性思维工具，鼓励我们建立系统化的框架、采用系统化方式应对和处理问题。——译者注

他们的信心。

方案四：使用关键问题

萨拉发现有一种方法可以测试出学生学到的知识，即关键问题。关键问题就是一种选择题，题目中有的选项可以反映出学生会犯的错误，有的可以反映出学生的推理过程，以检测他们对知识的理解（或误解）。在理想情况下，学生应该在一分钟之内回答问题，萨拉在15秒内给予评价。通过关键问题可以预测和预防错误答案，从而获取大量信息。而以前，如此大量的信息需要同班级所有人交谈才能获取。但是，萨拉的许多同事都对选择题的有效性深表怀疑。这也很正常，因为回答选择题几乎不用思考，学生对此也已经司空见惯。例如：

马丁·路德·金参加了哪一场运动？

A　华盛顿大游行

B　美国内战

C　巴拉克·奥巴马的总统竞选

如果学生掌握基本的年代信息，就会知道这些事件中只有一件发生在马丁·路德·金时期。这种问题几乎不需要思考，对于帮助萨拉了解学生对知识的理解程度也没有任何帮助。萨拉并不想验证学生是否能够避免明显错误的答案，她希望学生从干扰项中选出正确的答案，这些干扰项看似很有逻辑，实则反映了迷思概念。一个更好的问题应该是这样的：

马丁·路德·金参加了哪一场运动?

A　华盛顿大游行

B　自由乘车运动

C　静坐示威运动

A选项是正确的，B和C选项似是而非。因为自由乘客也支持乘公共汽车出行；静坐示威运动和马丁·路德·金领导的非暴力抗议运动也有相似之处。这两个答案不是低级错误，因此可以判断出学生对知识的理解程度、推理能力以及持有的迷思概念。通过回答这个问题，不仅可以让学生了解不同的民权组织，还能帮助他们加深对相关知识的理解。萨拉通常希望学生能给出正确回答，但对于某个关键问题，她却希望学生回答错误，因为这将帮助她迅速确认并回应学生的迷思概念。萨拉可以根据每个学生对知识的理解程度来决定接下来的教学内容。

关键问题方法是否在学校经过了严格的测试，萨拉并没有找到证据。但是，经过一系列测试，关键问题在大学教学中的应用已经使学生取得了显著的进步，所以萨拉认为把关键问题用于自己的课堂也应该有效。她发现自己在使用课堂反馈条（见问题4）方面积累了丰富的经验，这能够帮助她更好地使用关键问题。然而，设计课堂反馈条的时间充裕，可以等待学生作出回应，但关键问题需要她在课堂上立刻设计出来，问题必须精心思考。

（1）选择一个节点

设计关键问题需要时间，所以萨拉很少使用，只用来检测课程中的重点知识（已经在问题2中明确）。萨拉将关键问题用于关键节点上，即两个活动之间，比如，在讲解完一个知识点后，如果学生理解了，就开始应用。

（2）设计选项反映迷思概念

萨拉希望确切了解学生在想什么，尤其找出学生持有的迷思概念，即与学习内容相冲突的观念（见问题1）。为了准确地判断学生的思维，每一个错误答案都应该设计得有意义，也就是包含一个迷思概念。学生选择了错误的答案，萨拉就知道这个学生的迷思概念是什么，以及她该如何应答。在设计单元教学时，萨拉整理了一些迷思概念，并围绕这些迷思概念设计问题。有的迷思概念来自她经验丰富的同事，有的来自学生的答案和评论（见问题1）。萨拉确认每个选项都能准确反映出学生的迷思概念。例如，测试学生对板块构造学说的理解，如果选项是：

每个大陆都在一个板块上。

这就不能检测出学生认为是一个大陆位于一个板块上，还是所有的大陆都在一个板块上（但彼此分离）。所以，更好的选项可能是：

A　每个大陆都处于独立的板块上。

B　大陆位于板块的顶部（但与板块分离）。

她最终设计的问题可能是：

下列关于板块的描述中，哪一个是正确的？

A　每个大陆都处于独立的板块上。

B　大陆位于板块的顶部（但与板块分离）。

C　海洋位于板块之上（正确答案）。

同样，如果测试学生对运算顺序的掌握情况，萨拉的第一个问题会问学生下列的表述是否正确。

对于$22-5\times2^2$，首先，从左向右，先计算$22-5$。然后计算17×2^2。最后计算$17\times4=68$。

这道题可以测试出学生是否理解运算过程，但如果他们做错了，就不能判断他们在想什么，也不能测试出可能出现的迷思概念，例如，使用括号的情况。她将问题进一步完善：

$(1+2\times3)+(4-2+1)=$

A　10（正确答案）

B　12（学生从左向右依次计算，在做加法之前没有先算乘法，所以在左边的括号中先计算1+2）

C　8（学生认为必须先算加法，再算减法，所以他们计算的是4−3）

通过这道题，萨拉可以确定两个迷思概念。但萨拉意识到，如果有学生同时持有这两个迷思概念，得出的答案也会是正确的，于是她换了数字：

（4+2×3）+（7−2+1）=

A　16（正确答案）

B　24（学生从左往右依次计算，所以在左边括号中先计算4+2）

C　14（学生认为总是先算加法，再算减法，所以计算7−3）

D　22（有两个迷思概念的学生得出的结果）

萨拉确信每个选项都明确代表一个迷思概念（对于技术性问题的探讨很有价值）。

（3）题目设计要简洁

萨拉想把最可能出现的迷思概念包含在题目中，同时保持题目设计简洁，以便学生能够快速作答。有证据表明，有几个似是而非的选项就够了，事实上三个答案（一个正确，两个错误）似乎是最好的，如果增加的选项很难判断正误还可以，但如果增加的选项错误显而易见，对萨拉没有意义，对她的学生也没有挑战。为了简洁起见，萨拉有时会排除一些选项。比如，在板块构造学中，迷思概念包括：板块是由缝隙、海洋或熔岩隔开的，但这个迷思概念都与一个基本观点有关，即板块之间不相互接触。萨拉设计的答案选项可能包括“板块之间永远不相互接触”，如果学生选择了这个答案，萨拉就会探究学生认为是什么把板块隔开的。设计有效的选择题，还有以下几条建议：

- 把信息放在题干中，而不是选项里。

- 将日期和数字的选项按顺序排列，否则，就将答案的顺序随机打乱（教师通常先写出看似最合理的答案）。
- 保持答案在内容、结构和长度上的相似性。

萨拉检查了每个答案的简练性、可信性，以及学生相信的可能性，然后再使用。

萨拉喜欢在学校或网上与同事合作设计并测试问题，既确保了措辞的完美，还彼此分享了与迷思概念相关的教学内容，并创建了题库（见问题7，第4节介绍了如何使之可能成为现实）。设计关键问题需要时间，但萨拉发现，只要每节课设计一个问题，就能起到很大作用。尽管从迷思概念入手容易得多，有时她也会使用课本中的问题。如果时间有限，她就让所有学生只回答一个问题，不去预测他们的迷思概念。虽然这样做削弱了有效性，但仍然可以发现一些问题。如果学生在课上发表自己的看法，萨拉也会用学生的想法做一个即时检测。例如，如果萨拉听到一个学生的答案，她可能立刻停止讲课，不给任何提示，说“迈克说他认为答案是7，现在，同意这个答案的请举手……不同意的请举手”。萨拉发现，无论是自己设计还是与同事合作，设计问题花的时间越多，效果就越好，但对全班学生来说，即使是一个短时间内设计出来的难题，也能较好地反映出学生的学习状况，效果好于个性化问题和检验学生信心的问题。

检测概念性知识

通过关键问题，能够很好地测试出学生对概念性知识的理解程度。例如，萨拉可能问：

下列选项中，哪一个是希特勒成为总理的直接原因？

A　德国的恶性通货膨胀

B　兴登堡之死

C　国会纵火案

D　施莱歇尔权力的瓦解

该题测试了按时间顺序排列的知识：两件事（B和C）发生在希特勒成为总理之后，一件（A）发生在10年前。这道题很有价值，但萨拉可以更直接地测试学生分析因果关系的思维能力。

哪一个是希特勒成为总理最直接的原因？

A　纳粹的暴行恐吓了许多选民和反对者

B　施莱歇尔权力的瓦解

C　兴登堡和冯·帕彭认为希特勒当选总理后，他们可以控制希特勒

每个选项都是希特勒成为总理的原因。让学生选择“最直接的原因”，就可以排除A选项。B或C都有可能是最直接的原因，因此就会引发进一步的讨论。要求学生对原因进行优先排序，或者同学之间互相交流，可以增强他们学科的思辨能力。

测试学生对知识的应用情况

在问题中包含“最好”“最”等词汇有助于学生思考最好的答案是什么样的。例如，如果萨拉要测试学生组织段落结构的能力，就会问学生：

“在这一幕中，莎士比亚是如何表现麦克白夫人和麦克白关系的？”下列选项中，哪个答案最好？

A　麦克白夫人认为麦克白很懦弱，所以直接指使麦克白。

B　在莎士比亚的描述中，麦克白夫人掌控一切。例如，她指使麦克白：“给我匕首。”

C　麦克白夫人控制着麦克白，行动果决，其意志就是他们两个人的想法。

这三个句子可能出现在一个答案中，但只有C选项介绍了文章的论点。“这些句子中哪个最好地……”，这样的问题可用于描述任何文章主题，能够帮助学生弄清楚一个好的概论句是什么样子的，也减少了学生在写作中遇到的问题。

测试学生对定义的理解（防止学生猜测答案）

选择题有一个缺陷，就是学生可能猜测答案。因此萨拉增加了更多错误的答案，如图5.1所示：

QUESTION 5

在下列直角三角形中，哪一个符合公式$a^2+b^2=c^2$?

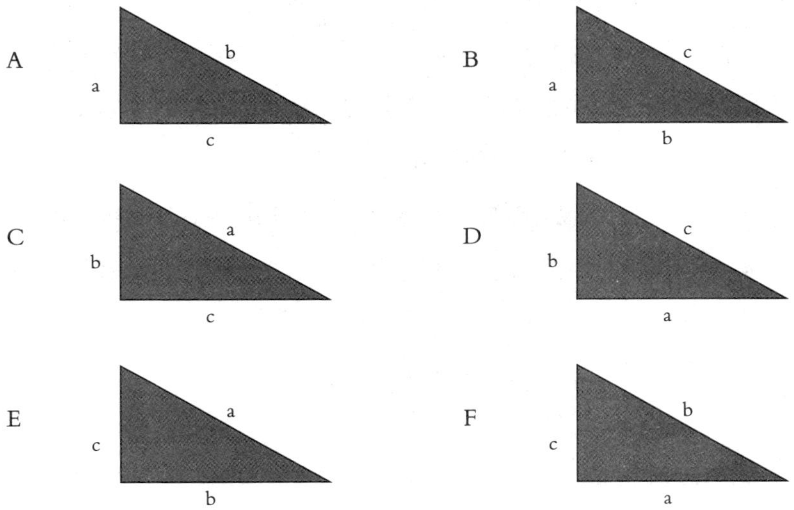

图5.1　数学中的一个关键问题

这个问题有两个正确答案（B和D），如果学生不知道，他们就必须分别考虑6个三角形，这就产生了64个可能的答案，降低了学生猜对答案的可能性。所以，教师应该反复强调——要仔细审题。如果学生看到B选项是正确的，就不再验证下边的选项，他们最后得出的答案就是错的。一般情况下，最好不要增加选项，如上题所示，只要保证所有选项都似是而非就可以了。

这个例子也说明了选择题能够测试出学生对概念的理解，这种方式能让学生对比不同的例子，找出相似性和差异性，从而更加灵活地运用知识。学生可能知道在直角三角形中$a^2+b^2=c^2$，所以该问题能测试出学生是否理解了勾股定理。比较不同的定义，选择最合适的一个，从而加深学生对概念的理解。

萨拉发现，如果她能做到以下几点，就可以很轻松地设计问题：

- 重点讲解课程的关键概念。
- 从解决迷思概念开始，提出一个问题引出学生持有的迷思概念。
- 同一问题在不同题目中重复使用，在保持题目结构不变的前提下修改细节。
- 与同事合作设计、测试和完善问题。

使用关键问题

设计一个关键问题并不简单，现在，萨拉需要使用关键问题来测试学生对知识的理解程度。如果要快速判断学生的想法，就要所有学生同时给出答案，在白板上写下答案，或者通过举起手指来表明他们的选择。但是，协调好学生的反应和后续讨论需要有效管理课堂。为了能在一分钟内得到学生的答案，并在15秒内给予解释，萨拉必须避免以下问题：

1）看不见或者看不清学生的反应

如果萨拉让学生把答案写在白板上，学生的字体可能多种多样、字号也大小不一，学生还可能在白板上添加点缀，并出现晃动，这些都可能使教师不易识别。如果她让学生举起手指（一根手指代表A，两根手指代表B)，手举的高度可能也不一致。所以，萨拉可以改进：

- 要求学生尽量减化他们的答案（用“T”代表“True”）。
- 明确告诉学生应该怎样写答案：“写满整个黑板。”
- 说明白板或手应该怎样举：“两只手，齐肩高。”

这样萨拉可以快速看到每个学生的答案，也就是不会忽略任何一个学生。萨拉很想让学生展示自己的计算过程，但她意识到这种方式承载的信息量过大，而且根据学生的答案就能预测出他们的迷思概念，没有必要再看学生的计算过程。

2）学生互相抄袭

如果学生看到同学的答案是正确的，他们就想修改自己的答案。如果一名学生提前两秒举起手指，或者他们写在白板上的答案清晰可见，就有可能出现抄袭。为了使学生的答案能够反映真实的想法，萨拉要求学生：

- 写完答案后，将白板盖上。
- 同时举起白板/手指：“三，二，一，举起白板。”
- 举起手指前，低头或者闭眼。
- 了解设计问题的目的是帮助他们，而不是为难他们。

3）大声叫喊，影响讨论

在接下来的讨论中，萨拉想让学生仔细思考所有的答案。学生需要讲明他们的推理过程，做错了的学生要弄懂为什么做错了，而不是用一句“明白了”来敷衍。一名学生看到其他学生白板上的答案时，可能嘲笑道："怎么可能是A"，而其他学生可能无法解释自己的答案，甚至不愿意回答。通过有效的课堂管理，不仅可以避免学生大声叫喊和相互嘲讽，萨拉还可以传达教学任务的目的：达成共识，提高理解，避免错误。另外，讨论问题方面，萨拉也会培养学生良好的沟通习惯，比如，以礼貌且有建设性的方式表达不同的意见。

4）教学要求不明晰，回答习惯不正确

萨拉如果从一开始就明确要求，肯定会受益匪浅。对教师来说，在授课期间调整课程是最困难的事情。萨拉希望学生认识到这是为他们着想，希望他们能够诚实、沉思、有耐心，如果学生认为教师是想让他们难堪，她是不可能实现教学目标的。萨拉在使用关键问题时就解释了她的目的，并经常简要提示她的教学目标和期望是什么。在引入关键问题，以及学生需要再次提醒时，萨拉会：

1. 解释教学目标：我要知道你是怎么想的，你需要好好思考答案，尽快给出你自己的答案，并倾听其他人的意见。

2. 事先排练：我们现在要演练回答这个问题的过程。首先，写下你的答案，不要让别人看到，每个人独立完成，然后我们数3个数，大家同时把白板举起来。

3. 再做一次：做得很好，但我希望数到3的时候，每个人都可以把白板面向我举起来。所以，我们再试一次，先把白板放下……开始数数：1，2，3。

这么做并不是因为对之前的排练不满意，也不是学生的应答不积极，而是因为“再做一次”能够立刻解决一些问题，并让学生养成展示答案的良好习惯。

利用技术

萨拉可以利用技术手段整理和记录答案。例如，她可以在Kahoot[①]上设计测验，这样学生在手机上就能作答。这种方式不仅保证测验是匿名的，也让抄袭变得更难。此外，它还为萨拉提供了一份学生思考的记录，可以与课堂反馈条的记录作对比。借助技术手段，萨拉不仅使教学方法更加高效，也可以让学生集中注意力。但是，她并不支持学生在课堂上使用手机。尽管如此，她认识到借助科技，能够更快、更有效地跟踪学生的思维活动。

教学应答

计划为先

确认教学模式

鼓励学生重新思考

无论是使用关键问题、意外获取的信息，还是以其他方式跟踪学生的思维活动，萨拉的应答原则都是相同的。比如，当她回应课堂

① Kahoot是一个基于游戏的学习评价平台，作为教育技术在学校和其他教育机构使用。——译者注

反馈条时，会先找出学生中普遍存在的迷思概念、知识缺口或错误，随后对其排序，并依次进行回答。这样做或许会偏离课程计划，但迷思概念会阻碍学生对知识的理解和对学科的总体把握，所以这些问题亟须解决。如果使用课堂反馈条，萨拉有时间去准备，但关键问题需要立刻回应，所以她需要对预测到的迷思概念提前做应答准备。

对于学生欠缺的知识，萨拉能相对轻松地回应，但要改变他们的观念却难上加难，具体做法也十分复杂。例如，个人观念（比如，认为所有血管都有瓣膜）在遇到矛盾的信息时会发生改变。但是，心理模型（比如，认为地球是一个扁平圆盘或空心球体）和范畴上的错误（比如，把加热看作一个实体，而不是一个过程）是非常难以改变的。人们遇到新的、矛盾的观点时会“犯懒”，与其改变原来的想法，不如保持现有的心理模型、融入新的观点（或是忽略相矛盾的观点）。纳托尔（2007）举了一个例子，一名学生误解了把铅笔放进一罐水的实验。她首先注意到的是铅笔被放大了，而没有关注到折射现象。所以，在这个单元中，她一直专注于放大率，而忽略了与此矛盾的信息和结果。认知冲突的经典理论认为，改变学生的观念取决于学生自己意识到令人困惑的反常事物，而且希望弄明白。学生需要明白其他观点也是可理解的、合理的而且是富有成效的。对学生来说，要从反常事物中学习，而不是忽略，就需要明确他们的观点和反常事物之间的矛盾。这种方式有助于对比不同的心理模型，并创造出新的范畴帮助学生重建心理模型（例如，将加热看作一个发生过程）。把相互矛盾的概念展示出来会有助于解决问题。比如，将一系列问题放在不同的情境中，并设计一些似是而非的答案，似乎也是鼓励学生运用正确概念的一种方式。然而，迷思概念可能一直存在于学生的脑海中，甚至在有效的教学后会再次浮现出来，萨拉希望学生至少能思考不同的概念，并有机会改变他们的心理模型。她的方法是计划教学、寻找合适的教学模式并相应地引导学生进行讨论。

计划为先

在设计问题时，萨拉预测了学生可能出现的迷思概念，所以她设计了应答方式。有时教师认为，让学生改变观念，反复强调正确答案可能就够了，但其实往往不够。另外，“事后诸葛亮”的做法会让学生豁然开朗，也就是说，当不可预测的事情发生时，我们会立刻调整对事物的看法，以适应这种意外。比如，我们可能先得出答案正确的结论，或者认为即使错误也无关紧要。因此，萨拉可能这么引导学生：

- **强调异常：**“如果我们认为X……，为什么Y……”
- **反驳意见：**“X不可能对，因为我们可以看到……”
- **提供容易理解的新概念：**“看看另外一个例子。”

这并不需要做详尽的准备，但课前准备好比在讲课时现找更容易。这时，萨拉的教案（见问题1）就派上用场了。

- **给学生提供争辩的机会和挑战：**“谁不同意……”

- **要求学生解释他们的理由并说服对方：**"你为什么会这样想？"

确认教学模式

学生回答后，萨拉要快速分析他们的答案，从而决定接下来该如何做。像使用课堂反馈条一样（见问题4），她采用了务实的做法，即解决学生中最普遍的迷思概念，集中讲解重点内容。如果发现了意想不到的迷思概念（或是发现难以解决的迷思概念），她可能在下节课上予以解答，这样她就有充分的时间准备有效的回答，也可以使用在单元教学计划中整理的呈现方式。有时，出现的迷思概念不仅出人意料，而且错综复杂。例如，学生认为20世纪的大多数世界大事都是由光明会[①]协调解决的。遇到这样的问题，萨拉可能等到下节课再阐释她的观点。如果答对的学生寥寥无几，萨拉会马上再讲一遍，如果一部分学生答对了，萨拉可能会进入讨论环节。

组织讨论

萨拉通过以下方式帮助学生进行推断：

1. 突出要讨论的具体问题，她会将其写在黑板上，或在投影仪和幻灯片上展示。

2. 让学生解释是如何得出答案的。

① 光明会，传说中的一个古老神秘的组织，一直秘密控制着全人类。——译者注

3. 引发和探究迷思概念。

4. 帮助学生深入思考迷思概念，得出符合逻辑的正确答案。

通常，萨拉不会告诉学生正确答案，而是让他们犹豫不决。她不希望学生只知道正确答案是什么（然后停止思考），而是要他们仔细考虑其中的推理过程。答错的学生需要明白他们错在哪里，答对的学生也要能够准确解释答对的原因。当学生对自己的正确回答充满信心时，他们几乎不在意教师的反馈了。德里克·穆勒（2011）发现，教师讲解一个科学概念时，

如果学生认为自己已经了解这个概念，他们就不会真正重视，也不会意识到所讲内容与他们已有知识有所不同。他们只是因为提前思考过而变得更加自信。

当学生选完答案仍然不知道是否正确时，他们就会更用心地思考。让学生处于模糊不清的状态似乎能够帮助学生记住正确答案，但这种方式似乎也会增加相关认知负荷（见问题2）。对此，萨拉采取以下措施：

1. 在学生自己通过推理得出答案之前，不告诉学生答案是什么。

2. 拿捏好“提示”：防止出现细微的暗示和面部表情。比如，学生回答错误时，她不会皱眉，也不会说“不全对”这样的评论。相反，无论学生回答正确与否，她都报以微笑，一本正经地询问：“还有其

他想法吗？”

3. 保持热情和兴趣。萨拉对学生的想法很感兴趣，并试图倾听他们的解释，从学生的答案中学习，而不仅仅是为了评价，或者寻找正确答案。

例如，计算以下问题：(5−3+1)+(11+5×2)

A　24(正确答案)

B　−20(学生认为必须先算加法，再算减法，所以最后的运算是5−25)

C　38(从左到右依次计算)

D　35(忘记了运算顺序在括号内仍然成立)

一半学生选择了A，7个学生选择了B，还有6个学生选择了D。以下的讨论展示了萨拉是如何回应的。

表5.1　一道数学题的讨论

说话者	交流内容	理论依据
萨拉	我看到几个人选了B，贾马尔，你说答案是−20，你第一步是怎么做的？	向学生强调这是一个常见的迷思概念。 没有说答案不正确。 如果先从错误答案开始讲，慢慢纠正，这就是一种“告知”行为；但如果先从正确答案入手，让学生推翻，似乎会造成更大的困惑，没有任何积极作用。

续表

说话者	交流内容	理论依据
贾马尔	首先，我计算的是括号里面的。	让贾马尔解释，不去提问其他学生。
萨拉	你在第一组括号里是怎么计算的？	
贾马尔	3+1=4，然后5−4=1。	
萨拉	好的，在第二组括号里你是怎么计算的……噢，罗比把手举起来了，罗比，你想说什么？	保持一个平稳的语调，不要马上说出他的错误，希望别的学生可以发现错误并指正。
罗比	老师，他做错了。	
教师	你为什么认为他做错了？	不说出事实和正确答案，让罗比进行解释。
罗比	应该先算加法，再算减法，所以是5−3+1=3 。	
萨拉	你们认为哪个答案是对的，1还是3，为什么？	一直让学生思考，不说出正确答案是什么，让他们解释原因，检查学生是否跟着讨论。
安娜	罗比的答案是正确的，因为在加法运算中，应该从左往右依次计算。	
萨拉	贾马尔，加法中，什么情况下从左往右依次计算？	再次确认贾马尔是否理解了迷思概念。
贾马尔	当只有加法和减法的时候，或者只有乘除法的时候。	
萨拉	好的，那么左边括号中的答案我们都认为是3，因为5−3+1=3。那么，亚伦，右边括号中的答案是多少？	选择一名选了D选项的学生。用积极的语调，表现对学生的答案很感兴趣。
亚伦	11+5=16，16×2=32，32+3=35。	
萨拉	一些同学选择了A，其他同学为什么认为A不对呢？丽贝卡，请你来回答一下。	
丽贝卡	应该先算乘法，再算加法，所以应该是2×5=10，10+11=21，所以最后的答案应该是24。	

续表

说话者	交流内容	理论依据
萨拉	谁同意丽贝卡的答案？大拇指朝上表示同意，朝下表示反对。亚伦，你为什么认为丽贝卡的答案是对的？你为什么改变自己的答案？	检查全班学生的理解状况，向学生表明鼓励他们修改自己的答案。
亚伦	因为根据运算顺序，我们要先算乘法，再算加法。	
萨拉	是的，括号中运算规则相同。没人选择C，谁能告诉我这个选项错在哪儿吗？	帮助学生确认其他的迷思概念。

灵活应变

萨拉还提出了几种方法，以便讨论关键问题的答案（或者用来确认学生的想法）。这些方法包括：

- 让学生找出不同答案之间的异同。
- 允许学生在教室内走动，参考其他同学的答案，并修改自己的答案，前提是学生需要解释为什么修改答案。
- 让选择不同答案的学生组队，说服对方相信自己的答案是正确的；如果最初回答正确的学生足够多（可能超过40%），那么几乎所有改变主意的学生都会采用正确答案。
- 最后，让学生记录讨论问题的要点："你要记住做什么/不要做什么？"
- 再次问同样的关键问题（这看起来很容易，但往往能暴露出学生一直持有的迷思概念）。

● 再问一个问题，测试同样的迷思概念（例如，采用上面的问题，把数字换掉）。

如果学生的迷思概念根深蒂固，萨拉就不会继续最初的讨论，而是采取新的呈现方法和例子，以帮助学生思考他们答案的局限性。比如，如果学生正在评价文学作品中的人物动机，萨拉可能引用原文，并让他们将引文和自己的答案进行对比。上历史课时，萨拉会分享更多的例子，或者查阅更详细的文献资料。比如，“你们说《大宪章》保护了普通人的利益，那我们一起看看文献资料是怎么记载的”。上自然科学课时，萨拉可能展示另一个例子：“你们说一种元素是由不同的原子结合在一起组成的，那么铜是一种元素吗？”每种呈现方式都应该对学生有帮助，让他们理解有些答案看似合理，实则荒谬，从而判断出正确答案。萨拉使用的呈现方式和迷思概念是在准备教案时就整理好的（见问题1）。

对于学生来说，延伸讨论对培养正确的思维模式至关重要，所以萨拉也慎重地采用了这种方式，但耗费了大量时间。有时，尽管某节课中出现的迷思概念没有全部解决，她也会讲授新的内容。因为课程的主要目标才是授课的重点（见问题2）。如果学生由于马虎大意或者缺乏相关知识而做错题目，萨拉就重申一遍相关知识，并指明错误原因。虽然难题和困惑可能对学习有帮助，但也可能打击学生的自信心：萨拉想让学生习惯通过讨论的方式，理解其目的和作用。

使用关键问题的其他方式

设计优良的关键问题并非易事。但一旦设计成功，萨拉就可以在日后的教学中反复使用，因为在学习新的概念和课程时，遇到的迷思概念可能是相似的。教师可以用这些关键问题完成以下任务：

- 在一个单元或者一节课开始之前测试学生的已备知识。
- 促使学生相互讨论和争辩。
- 检查学生是否理解好的样例（见问题3）。
- 采用课堂反馈条，测试学生在课程结束后的学习情况（见问题4）。
- 讲完一个专题知识后用来测试学生的学习效果。
- 提供反馈，确保学生知道改进后的答案（见问题6）。
- 拓宽学生的学科知识。

因此，与同事共同创建选择题库有巨大的潜在优势，可以和单元教学计划相结合（见问题1）。萨拉根据学生的表现改进问题，编辑了题目的措辞，删除了没有学生选择的答案，因为这些答案没有提供有用的信息。

经验分享

"每个错误答案都揭示了一个问题"

关注学生的学习，而非表现

增长学科知识

达米安·本尼是斯旺西潘尼罗尔综合学校的副校长，负责全校的教学工作，这是他担任这一职务的第五个年头，也是他担任科学教师的第十九个年头。上课仍然是工作中他最喜欢的部分，他努力比去年做得更好。在了解关键问题这一技巧后，他立即被吸引了，意识到每个错误答案都揭示了一个问题。下面是他分享的经验。

我第一次使用关键问题时，前后顺序颠倒了。我先计划一节课的教学，然后试着在这节课的某个环节加入一个关键问题进行讲解，这往往是一个补充，并非课程中不可或缺的部分。我有可能将其用作噱头插入课程教学中：只把它作为一种很好的练习方式，却没有用它来培养学生的学习能力。

后来关键问题技巧改变了我的教学，主要体现在：一是让我关注学生应该学习什么，以及如何将这些知识与他们的已备知识紧密结合；二是让我更加关注他们在学习过程中出现的错误和迷思概念。了解这些后，我就可以设计课程和授课方式，以减少学生的迷思概念。我喜欢使用关键问题，因为它的形式是选择题，而且选项中至少会有一个正误难辨，这种方式有利于检测出学生的想法。

现在我不是先计划课程教学，然后再设计问题，而是在制订学习方案时把设计关键问题放在核心位置上，这样可以关注学生在想什么，也很容易测试出他们对知识的理解程度和内部图式。通过使用关键问题，我加深了对学科知识的理解，更加关注学生的想法以及思考的方式。随着学科知识的增长，我能够设计更好的关键问题，从而形成一个良性循环。

从给学生提供反馈的角度来讲，有效使用关键问题会减少我的工作量。如果在一门课中没想到使用关键问题，我就会发现对一个常见的错误我给予的反馈是相同的，而我本来可以很容易就让学生学会，因为只要精心设计一个关键问题就可以避免这个错误。这意味着，我的反馈要更专注于提高学生对某个概念的理解，而不是去纠正一个常见的错误，尽管这个错误使他们从根本上误解了一个概念。

一个关键问题就像教师形成性评价锦囊中的所有工具一样，必须区分表现与学习之间的差别。在第三关键学段的自然科学课中，常见的迷思概念是呼吸作用和呼吸是一样的。在解释什么是呼吸作用时，大多数教师会明确指出它与呼吸是不同的。解释之后，让学生完成这个关键问题：

呼吸作用是什么？

A　呼吸

B　活细胞释放能量的过程

C　处理废物

然后100%的学生（只要他们一直注意听讲）会选择A，这不是学习，而是模仿前面的解释，是表现。在这里，一个好的关键问题应该是能够询问他们的想法，而不是让他们模仿。所以，应该这样设计：

呼吸和呼吸作用之间有什么联系？

A　没有联系，它们是完全不同的过程。

B　许多动物呼吸空气，并除去细胞呼吸所需要的氧气。

C　许多动物吸入氧气，这是细胞呼吸所必需的。

D　所有的生物都吸入氧气，这是细胞呼吸所必需的。

后一个关键问题要好得多，因为它不会造成学生一味地模仿。另一个优点是将今天的学习内容与他们已有的知识联系到一起。如果学生回答A，那么我可以继续说："两者没有联系吗？这两个过程有什么共同点吗？人类为什么要呼吸？"如果他们的答案是C，那么"我们吸入氧气而不是空气"，这个棘手的迷思概念就可以解决了。如果他们的答案是D，那么我就知道他们持有的迷思概念还有植物呼吸，从而解决问题。

有人坚持认为，如果教师在课上讲解知识点时，明确处理以上迷思概念会更好。但你也可以反驳，说如果那么做，所有学生都会选择B……导致学生可能一味模仿教师讲的内容。在某些情况下，使用关键问题揭示迷思概念可能更好。

有时候最好没有选项（尽管所有学生都必须作出应答是至关重要的）。在教授了动力学理论之后，最好的问题是：“气体中粒子之间的间隙是什么？”只有两个可能的答案，空气或者什么都没有。关于这个问题，我不会给出备选答案。我会试着了解他们的想法，从而推断出他们如何理解动力学理论。

我意识到，如果精心设计关键问题，我就能更轻松地发现学生的想法。学习可能无法捕捉，但采用形成性评价，尤其是设计关键问题，可以让他们的思维活动清晰可见。

总结

萨拉觉得不是每节课都能设计好关键问题。她至少要确保问题对全班学生都有用，而不仅仅有助于那些信心十足的学生，也就是说测试学生学到了什么，而不是他们对学习的信心。她意识到自己应该继续讲课，而不是一味检查学生对知识的理解程度。如果没有设计出一个关键问题，她就会抓住要领，一次性检查全班学生的理解状况。比如，她会在黑板上写一个句子或者重复一个学生的答案，然后让所有人都表明自己是否赞同这个答案。她要了解学生的理解程度，也渴望帮助所有学生加深对知识的理解，这使她更仔细地思考她提供的反馈。

检查清单

1. 教学目标：你有一个清晰的教学目标吗？ ☐
2. 确认课程中的关键问题。 ☐
3. 设计一个关键问题，答案设置要具备以下特点：
   - 似是而非：错误并不显而易见 ☐
   - 只反映一个迷思概念 ☐
   - 简洁 ☐
4. 提前准备好讲解内容，并创建一个固定格式让学生回答：
   - 字迹清晰 ☐
   - 反应迅速 ☐
   - 互相尊重 ☐
5. 准备后续的问题/探究：
   - 让学生一直思考 ☐
   - 引导学生说出推理过程 ☐
   - 帮助学生找到正确答案 ☐

6. 再次检查学生对知识的理解程度 □

仔细检查以避免：

- 答案选项太多，错误显而易见，意义模糊不清。 □

重要参考文献：

米勒. R（2016）:《利用评价来推动教学的发展》，拉沃宁. J，朱蒂. K，拉姆列斯卡. J，尤托. A，哈尔. K（编者）。2015年欧洲科学教育研究会电子会议记录。《科学教育研究：以可持续的未来吸引学习者，第11部分》（由J. 柯琳 & P. 金德共同编辑）。芬兰，赫尔辛基：赫尔辛基大学，第1631-1642页。www.esera.org/publications/esera-conference-proceedings/science-education-research-esera-2015/

罗宾·米勒描述了一个从课程架构到具体学习方案（诊断学习问题）的五步过程，并举例说明了教师如何运用这些问题，解决这些问题以及这些问题对教学的影响。

问题 6

如何帮助学生取得进步

教学问题

持续为学生提供有效的反馈。

例证依据

不要先提供反馈：先处理上节课的问题

给予个性化反馈，从而帮助学生更好地完成作业，加深理解，增强自我管理能力，或者将这几个方面相互结合

向学生展示你的高标准，并且让学生知道你对他们的信心

逐渐增强学生的责任感，让他们自己独立完成作业，提高质量

更有针对性地批改作业，反馈形式标准化，减少评语

在没有任何反馈的情况下，让学生自己完善作业

教学原则

应答式教师要根据每个学生的需求，以一种可持续的方式为学生提供清晰的反馈。

经验分享

通过提供整体反馈来节约时间

设计需要反馈的工作

检查清单

QUESTION
6

教学问题

持续为学生提供有效的反馈。

结束了5天的教学工作后，马库斯一共收到了5摞作业，一共150本，整整齐齐地堆在办公桌上。授课期间，尽管他认真计划教学，检查学生对知识的理解，但每本作业中还是会有马虎的地方、错误和迷思概念。每个学生对任务的理解不同，拼错的单词不同，作业完成的质量也参差不齐。明天，马库斯就能看到两个班级的学生，他很想为他们提供指导，帮助他们取得进步。他需要考虑以下几个问题：

- 什么样的反馈才能帮助学生更接近目标？
- 如何确保学生理解反馈、根据反馈作出改变并从中学习？
- 如何让学生避免得出这样的结论：他们的学习状况或者他们自己一无是处？
- 如何避免学生对反馈产生依赖，如何教他们自我提升？
- 如何既有效又高效地写评语？
- 除了写评语，还有别的方法吗？

马库斯开始寻找引导学生取得进步的依据。

例证依据

反馈作用强大，但也存在问题。刻意练习需要“得到反馈，并根据反馈做出行动上的调整”。反馈有助于“显著改进学习过程，提升学习成果”。然而，尽管反馈是影响学习的重要因素之一，但其带来的影响并不稳定。克鲁格和德尼斯（1996）的研究清晰地说明了这一点。他们发现，经过600次实验，反馈带来的平均效应很好，令人印象深刻。然而，令人惊讶的是，在实验中有38%的反馈产生了负面影响，也就是说反馈降低了学生的表现。他们认为教学反馈有时会提高学生的成绩，有时会降低，有时则起不到任何作用，这个结论多少有些模棱两可。因此，提供有效的教学反馈是一个巨大的挑战：如果反馈得当，可以提高学生的学习成绩；如果反馈不当，教师可能耗费大量时间，学生可能拒绝接受反馈，放弃学习，降低目标。关于这方面的研究虽然很多，但“许多发现相互矛盾，得出的结论也不一致”。马库斯开始研究例证依据，希望将例证应用到他的教学中，改进他的教学方法。他认为本书前面提到的问题没有现成的答案或铁律。

不要先提供反馈

马库斯的第一个结论是：要使反馈有效，就要先解决应答式教学中的一些问题：

● 首先要有一种质量观，就是“学习效果和任务难度相适应”。教师需要知道自己想让学生学习什么，怎么算学好（见问题1）。

● 教师必须与学生分享成功案例（见问题3），只有这样，学生才会“拥有和教师相近的质量观”；如果学习目标不明确，对其理解也有偏差，学生就可能不清楚如何使用反馈来提高成绩。

● 教师必须有效地规划和教学（见问题2）：教学反馈的意义在于纠正“错误的阐释，如果对知识一无所知，则起不到任何作用”。

● 只有当教师确信他设计的任务能够反映学生的想法时，他才能给学生提供反馈（见问题4和问题5），所以，在设计任务时要考虑教学反馈，这样才能得到有针对性的回应。

马库斯意识到，除非他的教学有效果，否则反馈几乎没有任何作用。“虽然反馈不是唯一的解决方案，但如果运用得当，就能起到巨大的作用”。当然，在许多情况下，反馈并不是帮助学生取得进步最有效的方法，甚至有时没有益处。例如，如果学生在学习中遇到困难或缺乏基础知识，反馈可能不如显性教学法的效果好。在提供反馈之前，马库斯需要确认他的教学是有效的，同时也不会将反馈视为解决学生困惑的唯一方法。

● **小结：马库斯决定在提供反馈之前，先反思自己的教学过程。如果学生有困难或者缺乏基础知识，他再仔细讲一遍。**

什么样的反馈才能帮助学生更接近目标

马库斯选择的反馈形式可以反映出学生学习中存在知识缺陷的本质。错误可能是以下原因造成的：

> 可能是失误，即做题过程中的粗心大意；也可能是一个迷思概念，即某种概念或过程上的持续性混乱（或幼稚的观点）；还可能是缺乏对概念和过程性知识的理解，而非迷思概念。每一个原因都需要采取不同的应对方式，从最小的反馈（因为失误），到重新教学（因为缺乏理解），再到需要做出较大的改变，以实现更深层次的认知转变（因为迷思概念）。

在考虑如何提供反馈之前，马库斯需要确定他希望学生改变什么。在一项实验中，一所学校根据例证采用了只给学生写评语（不给分数）的做法，这种方式反映了只注重如何给出反馈的局限性。实验结果出人意料，收到评语的学生似乎比收到成绩的学生进步更小。作者由此得出结论：评语本身没有作用，重要的是评语的内容。首先，马库斯必须确定他希望通过反馈实现什么目标，只有这样，他才能考虑如何向学生传达反馈。

马库斯认为反馈应该针对不同层次进行设计，这些层次包括任务类型到学习方法等方方面面，根据不同的层次，他明确了目标。一些评论者已经创建了不同的框架：图6.1中的框架涵盖了哈蒂和蒂姆波利（2007）、克鲁格和德尼斯（1996）以及普赖尔和克罗苏阿尔的研究成果（2010）。

具体	具体的	任务	我怎么完成呢？ 我怎样才能做得更好呢？
	反思的	学科	我怎么把类似的任务做得更好？ 学好这门课意味着什么？
		自我管理	我怎样才能让自己学得更好？ 我想成为什么样的人？
一般	存在主义的	**自我评价**	**我有多优秀？**

图6.1　反馈的不同层次

这是一种思考反馈定位的方式，并非说明具体的反馈好，而一般性反馈差（反之亦然）。马库斯想让学生在某个学习阶段在各个层次上作出改变。反馈的作用在于帮助学生专注于特定层次的提升。因此，马库斯希望能明确反馈的各个层次及其优缺点。

完善作业

马库斯想让学生积极回应当前的学习任务。但是，教师往往专注于帮助学生改正答案或告诉他们答案是否正确，从而帮助学生完善学习任务。马库斯可能建议：

- 再做一次，这次每个动作都要抬头。

- 问题3的答案重写一下，去掉第二步的括号。
- 段落3需要加入更多论据。
- 第4题的答案有问题。

（马库斯采用的例子都是先用于学习较差的学生，因为他们受益于指示明确的反馈；然后再用于学习能力强的学生，他们受益于指令宽泛的反馈，这样他们思考的内容会更多。）

这么做确实可以帮助学生完善当前的任务，但作用有限，因为学生不太可能将在一个任务中学到的知识应用于另一个任务中。除非学生得到了相应的提示，否则他们很难认识到可以用某个问题的解决方案解决一个类似的问题。如果学生正在做的作业很复杂、学习的知识很晦涩或者试图遵循某些规则，这时提供反馈会干扰学生的注意力。与完善作业相比，反馈提升学生能力的作用更重要，因此，马库斯在想怎样才能给学生提供更具普遍意义的反馈。

加深对学科的理解

马库斯想帮助学生加深对学科知识和学习状况的了解。如果提供的反馈对于该学科具有普遍指导意义，就能帮助学生确认和改正错误，并采用更好的学习策略，更深入地理解学习过程。这样，学生能够获得更深刻的理解，还能更好地将所学知识和技能应用到新的学习任务中。因此，马库斯设计的反馈要适用于各种不同的任务，比如：

- 在问题的关键词下面画线，然后写一个有针对性的解决方案。

- 每做完一步都回顾一下最初的问题是什么，检查自己的答题思路是否正确。
- 把问题做成图表。
- 每完成一项设计，回顾一下纲要，检查自己是否实现了这些目标。
- 工作中发现问题时，我们总是先做什么？

这种反馈应该有助于学生理解学好该科目的基本特征，然而，如果没有特定的提示，学生可能很难将这些特征应用到当前的任务中。

马库斯想帮助学生理解该科目本身，并理解学习者在该科目中的角色。他可以通过强调敏捷的数学思维、科学的推理或历史问题的特点，帮助学生养成良好的习惯，或帮助他们认识到成为一名伟大的科学家所需要的特质：

- 一名优秀的数学家总是反复检查他们的工作。
- 我们已经讨论了历史学家如何从许多案例研究中得出自己的论点，那么如何根据今天我们讨论的所有例子总结出一个论点？
- 伟大的艺术家都会从他人作品中获取灵感。
- 你提出的问题很难，英语教授要写一本书来探讨，所以在得出结论之前，最好从正反两方面进行探索。

同样的，学生可能需要一些提示，从而将一般规律应用于具体的学习任务中。

增强自我管理能力

马库斯想让学生更好地理解他们自己的学习方式。首先，需要帮助学生自我监督，了解自己的表现、已掌握的知识以及哪些知识有帮助，这也意味着帮助他们实现自我管理、规划，并适应自我监督。例如，通过实验，学生就能更准确地评价他们已有的知识，获得更高的分数，这对成绩较差的学生尤为有效。马库斯可以帮助学生明确他们目前的知识储备、拥有的学习技巧，并发现自己的知识缺口，即进行自我监督；思考如何应对，即进行自我管理。

- 你今天的表现与你的预期有何不同？
- 你还需要学习什么来获得进一步提高？
- 你今天使用的哪些策略有效？为什么？
- 在明天的练习环节中你有什么不同的做法？

自我监督和自我管理是有帮助的，然而，如果直接将它整合为反馈形式，则会产生负面影响。

自我评价

相比针对学生自身情况的反馈，针对学习任务、学科或自我管理提供反馈更有效。如果学生在接受关于自身反馈的同时，还收到了关于学习任务的反馈，那么他们很可能把注意力集中在自己身上，这将分散他们完成任务的注意力。学生喜欢受到表扬，这可能有助于提高其自我效能感，但大多数研究显示，表扬对学生的学习几乎没有积极作用（因为它没有提供促进学习的有用信息）。即使表扬能短暂地增强学习积极性，学生也可能依赖表扬来继续学习，但是，如果随后没有具体的反馈信息，它对学生就会产生负面影响。因此，直接针对学生本身提供反馈很可能分散他们的注意力，阻碍他们取得进步，例如：

- 你是个好学生/差生/中等生。
- 你总能想出最优解。
- 你在这方面已经很努力了。

马库斯专注于帮助学生完善作业，而不是给予表扬或批评。

提供多个层次的反馈

将反馈的各个层次相联系会比专注于其中某个层次的反馈更有效。任何一个层次上的单独反馈都不足以帮助学生学好，在一个层次上提供过多的反馈还可能导致学生分心。学生很难将具体的反馈应用到新的学习任务中，也很难将具有普遍意义的反馈应用到具体的学习任务中。因此，马库斯提供的反馈可以让各个层次相互联系，帮助学生明白如何将一个学习任务的反馈应用到其他的学习任务中。或者，在深入理解科目的基础上，如何更好地自我监督。不同层次的反馈密切关联，比如，改进具体学习任务的反馈和改进教学策略、学习过程或自我管理的反馈之间，似乎存在一种“强大的互动效应”。因此，马库斯将针对具体任务的反馈和针对加深学科理解和自我管理的反馈联系起来，以便帮助学生立即提高学习成绩，并采取有用的策略。下面的例子说明了针对一个层次的反馈如何与其他层次的反馈结合起来。

表6.1　各层次反馈的关联

一个层次	联系不同层次	目标
改正问题2，先算除法，再算加法。	将问题2改正；记住使用运算次序。	将任务和过程相关联
将“its”改成“it is”。	记住商务信函语言要正式：检查缩写。	将任务和过程相关联
改写这段话：给每一个带下划线的句子加引文。	改写这段话：用原文中的内容佐证你的观点。	将任务和过程相关联
记住创建精确图表的步骤。	记住创建精确图表的步骤：你已经漏掉了两个步骤。	将过程和任务相关联
需要解释得更清楚。	需要解释得更清楚：描述这种变化的影响。	将过程和任务相关联
体态很重要。	体态很重要：在整个动作中保持手臂伸直。	将过程和任务相关联
证据有多大局限性?	历史学家认为他们的例证有局限性：我们有多大把握确认这一点?	将过程和任务相关联
科学往往通过检测异常而取得进步。	科学往往通过检测异常而取得进步：为什么这个案例恰好证明了这一点?	将学科和过程相关联
伟大的艺术家从他人作品中获取灵感。	伟大的艺术家从他人作品中获取灵感：你如何运用这些例证说明这一论断?	将学科和过程相关联

马库斯还发现，这种方式有助于确保他的反馈为学生提供具体

指导。他这样表述：

对麦克白的性格做更透彻的分析，以便进一步阐述你的观点。

随后，他将这句话替换为更具体的表述，以传达他的基本观点：

通过讨论麦克白的疑虑和决心，对他的性格进行更深入的分析。

但马库斯一般不会设计这么长的反馈，因为这样耗费时间，也让学生难以理解和回应。重要的是，无论是在书面、口头发言还是课堂教学中，他始终明白，要创造机会帮助学生将一个层次的反馈与另一个层次的反馈联系起来。

- **小结：马库斯决定设计反馈的层次，并尽可能在不同层次之间建立联系。**

如何确保学生理解反馈、根据反馈作出改变并从中学习

瓦莱丽·舒特将有效的反馈比作一场完美的谋杀：谋杀需要动机，“学生也需要动机”；需要机会，“学生及时得到机会并运用它”；需要方法，“学生能够并且愿意使用”。马库斯提供的反馈要恰到好处，但他也需要确保学生会按照反馈作出改变。为此，他研究了确保学生理解、灵活应用并从中学习的方法。

理解反馈

学生需要理解反馈才能从中受益。马库斯知道模糊的反馈是没有用的，对此他并不感到惊讶，但让他惊讶的是，反馈越复杂、越

详细，学生受益就越少。同样的，马库斯总是喜欢用“促进性反馈”来指导学生，而不是用“指令性反馈”来纠正学生，但指令性反馈似乎更有效，尤其是学生学习新知识的时候，而对学习能力较强的学生来说，指令性较少的反馈可能更有效。一项实验考察了历史系学生接受和回应反馈的可能性：当反馈确定了问题所在和可能的解决方案时，学生更有可能理解问题并作出回应，但他们不太可能对额外的解释作出回应。举个极端的例子，为了鼓励人们了解不同类型的养老金，将一本100页的小册子压缩到一页，作出回应的人比以前多了10倍（行为观察小组[①]，2017）。马库斯注意到，他需要明白学生的情况不同，提供的反馈也应该不同，比如，当学生掌握的知识不足时，就要减少解释性反馈。

在教学实践中，马库斯为了提供清晰、直接的反馈，一直保持语言的简洁性。语言的简洁意味着使用的词语专注于最重要的事情，从而使他的教学目的更加清晰。马库斯这样要求：

重写这段话，加入支持观点的引语。

马库斯可以口头解释如何做以及为什么这样做，这样他就可以检查学生是否理解他的要求，以及为什么这样要求。这样的解释方式对学习小组或整个班级来说更有效，而对学生个体来说，效果就没有那么好。所以，马库斯开始用一些松散的句子来修改他的反馈，

① 行为观察小组（Behavioural Insights Team）成立之初是英国内阁办公室的一个团队，帮助英国政府改善政策和服务，节省资金，现在是一家社会性有限公司。——译者注

比如：

我想让你再试一次，这一次，当你准备助跑时，考虑一下你的体重。

随后，他重新组织措辞，使反馈更加清晰、目的性更强：

再试一次，这次把你所有的重量放在你的左脚上。

这种描述可以节省时间，对那些不擅长处理较长指令的学生来说也有所帮助。这也促使他提醒学生回顾范例（见问题3/下文），并确定自己需要什么。当学生努力根据反馈作出改变时，他会先问自己：反馈是否足够清晰？

- **小结：马库斯试图使他的反馈清晰、简洁和直接。**

根据反馈作出改变

如果学生不回应反馈，就很难确定他们是否从中受益。严格来说，“仅当信息被使用时”才是反馈。无论反馈针对的层次是什么，形式是什么，学生都需要根据反馈作出改变；要判断测试是否有用，就要看反馈“对接受者来说是否比对提供者来说更有用”。教师要做的是给学生布置一项任务，而不是仅仅向他们提供信息。即使马库斯认为自己的反馈非常清楚，他也明白要检查学生的学习情况，而不是假设学生已经理解了。马库斯认为需要：

- **检查学生的理解情况。**有时，马库斯让学生重述反馈，并解释哪些地方需要改进，从而检查他们是否理解了反馈。他还使用关键问题（见问题5）来测试学生的理解是否因为反馈发生了变化，或只是检测他们是否理解了反馈并准备好了根据反馈作出改变，而不是反复出错。

- **纠正错误**。学生能纠正错误。当马库斯要求他们专注于具体的错误、策略或部分工作时，这种方法尤其有效。

- **增加练习**。改正错误后，可以让学生心里想着反馈的内容完成类似的练习。这种方法在艺术、音乐和体育等学科中十分奏效，学生可以马上重复表演，也可以应用于其他学科。

- **重写作业**。通过更多练习，学生可以结合反馈意见重写作业。罗恩·伯格要求学生把自己的作业看成一种工艺品，同时要求教师重视作业的质量，而非数量：

> 如果只有一张草稿，你作业的质量能达到什么程度？你会在没有排练的情况下上演一出戏吗？你会事先没有排练就开音乐会吗？我们读的每本书经过了多少次编辑？在我的课堂上，学生们会经常炫耀自己在手稿上作出的努力，比如，他们自吹自擂道，为了做这个封面，我一共打了13次草稿。

马库斯可以要求学生重写一段或一篇文章，重画一张图表或重做一个解决方案。提高作业的质量比感谢他的反馈更有价值，也更令人满足，因为这种方式能让学生理解反馈，并根据反馈作出改变。它有力地证明了学生有能力提高并达到很高的水平，因为“精益求精的态度会带来质的变化”。一旦学生看到自己有能力变得十分优秀，就会快速进步。这种体验（以及反思它是如何实现的）可以培养学生的自我效能感，也就是提升他们实现目标的信心。马库斯相信，通过改写来完善学习方法非常重要，在以后的考试中，这种方法也有助于应对有限时间内完成题目的任务。

- **小结：马库斯找出一项需要完善的任务，既有效，又有价值，让学生去参照学习。**

从反馈中学习

马库斯想知道学生是否从反馈中受益，同时又不给自己带来过多的工作量。他对“三重影响评语”和“对话式反馈”这种流行方式不感兴趣。这种方式就是向学生提供反馈，学生作出回应，然后他对学生的回应作出应答。没有证据表明这种方式对学生有益。对此他并不惊讶，而且他发现这种方法令人疲惫不堪，更难相信反复评判同一篇作文会取得明显的效果。尽管如此，他还是想检查一下反馈是否奏效，以确定他还能帮助学生取得多大进步，并促进他们的元认知。这一点似乎很重要，因为就像最初的学习一样，学生很容易误解反馈和后续的任务。但取得进步后，马库斯和他的学生就会感到十分欣慰。简单地说，这意味着要让学生在课堂上取得进步。除此之外，马库斯还寻求高效的、可持续的方法来确保学生从反馈中受益，具体包括：

- **在学生改进的同时检查**。学生对反馈作出回应的时候，马库斯浏览学生任务完成情况，重点关注核心内容和那些学习比较费力的学生。他会迅速作出评价：对一个学生说“做得对”，对另一个学生说“写得好”，对第三个学生说“再读一遍要求”。他尽量减少评价，因为他希望学生专注于他写的反馈，以免过早提供额外的帮助。有时，他会让学生分组完成不同的任务，然后让他们改进，这样他可以更有效地提供支持，学生之间也可以互相帮助。

- **让学生明白自己是如何提高的**。改进任务后，马库斯有时让学生总结自己都做了哪些改进，以及为什么要这么做。这种方式可以加强他们的自我监督和自我管理。同时，学生也可以根据这些总结进行复习。

- **计划回顾要点**。马库斯尽量不混淆学习和表现，他想让学生记住反馈提示的要点，而不是机械地作出回应后就抛诸脑后。他计划在今后的课程教学中，通过回顾重点内容和迷思概念检查学生学到的知识。

- **如果马库斯可以持续检测学生从反馈中学到了什么，他就会检测学生所学的知识**。不能持续这样做时，他也不会感到内疚。然而，他更关心另一个问题，因为学生总觉得接受反馈就是承认失败，那么他应该如何既提供清晰、直接、富有挑战性的反馈，又不引发学生的负面情绪反应？

如何让学生避免消极的自我评价

学生的反应取决于反馈，也取决于学生如何接受反馈。当学生用心接受反馈时，反馈会促进学习，从而转移他们的注意力，进而改变他们的行为。学生使用反馈的方式受多种因素影响，包括他们寻求反馈并付诸行动的意愿、他们对学习的信心以及他们认为成功取决于自己的行动还是外部因素。马库斯本就不相信"成长型思维"，再加上最近开展了多个大规模实验，也没有找到相关的证据支持其有效性。但即使没有成长型思维，马库斯也希望他的学生欣然接受反馈，他相信学生在面临挑战时能够坚持和改进。而且他一直试图避免控制、打断或评价学生，因为这些方式都可能妨碍学生使用反馈。此外，他意识到以下几点也很重要：

- **避免给学生打分**。因为这种方式会分散学生对评语的注意力，降低他们对任务的兴趣，事实上，仅凭评语就能引导所有的学生改进他们的学习任务。

- **永远不要暗示学生停止尝试**。马库斯避免用另一种方式代表分数，比如考试评价标准，也不会告诉学生他们已经达到了一个特定的水平，因为他希望每个学生都能感觉到他们面临着新的挑战。

- **避免社会比较**[①]。他不希望学生一心与其他同学比较。他不会

① 社会比较，社会心理学名词，指的是个体在信念、观点、想法等方面将自己的与其他人的做比较。——译者注

表扬学生，使用的例子也是前几年的，而不是现在的。

学生的情绪会影响他们对反馈的回应，马库斯希望学生真心接受反馈，而不是觉得受到威胁。有一个实验他很感兴趣，教师像平常一样点评学生的论文。有些学生的评语中出现这样的字样，“给你上述评语是因为我对你有很高的期望，我知道你可以达到这些要求”。对那些不信任学校的学生来说，这种反馈取得了显著效果。在一项研究中，收到此类评语的非洲裔美国学生比没有收到的学生更有可能修改并重新提交论文。在另一项研究中，要求学生重新提交论文，收到信息的非洲裔美国人按照修改意见改写后，得分要高得多。第三项研究显示，帮助学生了解反馈的意义和价值有助于提高学生的分数，从而提高课程通过率。这些干预措施也增强了学生对学校和教师的信任。马库斯通过以下方式提供反馈，以帮助学生更好地接受它：

- **讨论反馈引起的情绪反应及将这些反应从有用信息中分离出来的价值。**“当你收到反馈时，你会感觉自己好像做错了事情，我有时也会有这样的感觉。但请记住，反馈只与作业有关，无关乎你自己，这样想能让你越来越优秀。”

- **强调为什么要提供反馈。**要给学生设立高标准，并相信他们能达到这个标准，比如，你可以这么说：“我给你这些反馈，因为我希望大家都能正确解答问题，我知道你们能做到。”

- **强调为什么要不断完善作业。**“再做一遍是值得的，因为当你把这些建议融合进去，你的论点就会有力得多。”

马库斯发现，帮助学生积极应对反馈不同于利用反馈使学生态度积极，他会帮助学生厘清两者的区别。设计反馈帮助学生取得进步，与运用反馈做出鼓励性的评价是不同的，比如："你的努力给我留下了深刻的印象，很高兴你现在似乎真的很喜欢学习这个单元。"这种评价既没有传达有用的反馈，也没有反映出可信的积极评价。学生取得良好成绩后，马库斯就会通过让学生反思自我效能来培养自我效能感。如果混淆关于任务的反馈和关于个体的反馈，学生就会分散注意力，无法提高学习的积极性，也无法享受学习的乐趣，这样他们就不能专注于提升自我。因此，马库斯决定：

- **将反馈与建立人际关系分开。**马库斯遵循劳拉·麦金纳尼的建议，给予反馈时，"别跑题……在教室中，你可以通过其他行为表达对孩子们的关心"（2013）。

最后，马库斯试图创造一种文化环境：学生习惯于接受反馈，认识到反馈的价值，并愿意作出回应。因此，他做了以下工作。

- **明确要求。**马库斯告知学生何时会收到反馈，以及反馈的形式和目的。
- **反馈常规化。**学生经常收到某种类型的反馈。
- **示范如何利用反馈模型。**马库斯展示了反馈如何有助于完善他们的作业，以及他如何运用同事和学生的反馈改进教学。
- **表扬进步。**马库斯展示以前学生改写的内容，证明取得进步的可能性；鼓励学生解释自己如何利用反馈来完善作业，从而认识到自己的进步。

- **鼓励学生欣然接受反馈，并认识到它的价值，**但他担心学生可能过于依赖反馈。

如何避免学生对反馈产生依赖，如何教他们自我提升

限制反馈

提供的反馈效果越好，学生的反应越积极，马库斯就越担心学生产生依赖性。只有学生不断接受反馈，反馈才能起到作用。那么，当马库斯减少反馈或者学生开始学习新课程时，学生的成绩可能下降。如果学生能从任务本身获取反馈，马库斯就不再提供。因为学生可以仔细思考任务本身，或者自主学习相应的解题方法，这时他提供反馈反倒让学生分心。这在平常的环境中是有效的。比如，在说外语或使用计算机辅助教学时，错误的答案就会变得一目了然，然而，在解剖过程中或在一篇论文中，学生则不太可能发现错误的根源。因此，如果学生能从任务中学习，马库斯就不再提供反馈。

马库斯发现延时反馈可以限制学生对反馈的依赖性，促进学习。有时，即时反馈很有用，比如，如果学生对某个题目不熟悉，通过即时反馈他可以更快地获得知识，更好地学习编程和数学等程序性技能。低效学习者缺少自我管理策略，往往更依赖于外部反馈，但几乎不会主动去寻求反馈，那么提供即时反馈就能让学生避免徒劳的挣扎。然而，对于更复杂的任务，延时反馈可能更有效。比如，当马库

斯让学生将在一项任务中学到的知识应用在另一项任务上时，学习好的学生能够独立发现问题所在。如果延长学生自主思考的时间，不仅可以降低他们对反馈的依赖性，也可以促进他们对任务的思考。最后，当学生正在做练习，提高熟练程度时，立刻纠正学生的错误会分散他们的注意力，降低学习的自主性。所以，只需保持练习的连续性，他们就能自主解决问题。延时反馈是非常反直觉的事情，马库斯的同事怀疑它的合理性。但是，他认为即使仅仅为了测试学生是否能对自己的学习负责，也值得尝试。马库斯想知道，他还能做些什么来增强学生的责任心，从而完善他们的作业。

与学生共同承担

马库斯对自我评价和学生互评持怀疑态度。经过反复尝试，他的教学热情已经消磨掉了，一些简单但难以解决的问题导致这些尝试均以失败告终。学生常常不确定评价作业都有哪些质量标准，往往关注答案的长度和整洁性，却忽略了答案的准确性和简洁性。学生经常互评，但评价的不是作业。例如，因为学生“聪明”，所以其他人提供的反馈都是积极的。所以，马库斯努力让学生发自内心地给予其他同学坦诚的反馈。另外，因为学生有时候认为他们的作业完成得“很好”，并且拒绝后续的反馈，马库斯也担心学生无法准确地评价自己的理解程度（见问题5）。尽管马库斯认为学生自评或者互评可能有益，但他认为其成效与投入的时间和精力不成正比。

然而，根据相关证据，马库斯认为有必要再尝试一下自我评价和学生互评。萨德勒（1989）认为，学生可以自己发现如何取得进步，教学目的往往也是促进其从反馈到自我监督的过渡。最后，

> 提高成绩有一个必要条件，就是学生持有的学习质量观必须和教师的大致相近。只有这样，他们在学习过程中才能持续监控学习质量，并且在每个阶段都能总结出多种替代方案和解决策略。换句话说，学生必须能够判断他们学习成果的质量，也必须能够在学习过程中自我监督。

在刻意练习的描述中，埃里克森解释了学习渐进的过程：

> 在培训的初期阶段，大多数反馈都来自教师或者培训教师，他们会监督学习过程，指出问题，并找出解决方法。随着时间的流逝和经验的增长，学生必须学会自我监督，自己发现问题所在，并相应地作出调整。

如果学生明白怎么算学好课程，能够监督自己的学习质量，并且能够自己改进，马库斯的压力就会减小，学生也能慢慢地取得进步，实现自主学习。为此，马库斯想知道如何实现这些目标。

马库斯意识到，过早使用自我评价和学生互评令自己疲惫不堪。

他是为了使用而使用，对此学生也十分纠结，因为他们缺乏有效评价所需的“质量意识”。如果学生要自我监督，马库斯必须解决前几章的问题：清楚自己想让学生学的是什么（见问题1），也要布置任务以检测学生是否学好了（见问题4）。最重要的是，他必须清楚学生是否知道学好的标准以及如何做到（见问题3），也就是说自我监督需要“有效的心理表征”。满足这些条件后，学生应该能够发现他们目前的学习状态和目标的不同，并缩小差距。学生必须习惯于理解反馈、使用反馈，如果他们习惯并乐于接受，而且能够根据反馈作出改变，也能从教师提供的反馈中学习，他们应该也可以有效利用学生互评。所以，在马库斯介绍学生互评之前，要确保自己已经解决了之前的问题。他在有疑问的地方，做了如下处理：

- **回顾优秀的作业：**回顾学生看过的样例，并要求学生解释这些样例的优缺点。

- **调整对使用反馈的期望：**提醒学生接受反馈的方式、原因，以及如何从中受益。

满足这些条件之后，马库斯想知道哪些实用方法可用于自我评价和学生互评，他决定先从探究检查清单开始。

- **小结：让学生自我评价或学生互评之前，马库斯会确保学生清楚学好的标准，并根据反馈作出改变。**

使用检查清单

检查清单可以用来提醒专业人员记住重要的操作步骤，马库斯对此印象尤为深刻。为了预防可避免的错误，飞行员和外科医生会使用检查清单，所以马库斯决定使用检查清单帮助学生。学生作业的质量不尽如人意，马库斯对此十分失望。但是，一旦学生知道在段落之间留出一条线，把图表放到方框中，或是学会自己检查作业，他们就能独立完成这些工作。通过设计检查清单，马库斯帮助学生找出自己或其他同学作业中的简单错误，提高他们的自我监督能力。

一份简单的检查清单包括以下几点：

- 标题加下划线
- 日期加下划线
- 新段落缩进
- 每个句子首字母大写，结尾用句号
- 拼写和语法保持准确性

在数学中，他列出以下几点：

- 日期和标题
- 问题数量
- 单位
- 小数点
- 计算方法

马库斯希望学生每次提交作业时都能填写这样的检查清单。有时，学生并不认真对待，只是粗略地看一眼，或者等待马库斯给予更权威的反馈。马库斯采取越来越严厉的做法，如果学生犯了显而易见的错误，他就把作业返回去让他们修改。通过使用检查清单，标记首字母没有大写和简单计算错误的时间减少了，马库斯就能将重心放在更重要的内容上。然而，他发现检查清单不能很好地描述如何算学好知识和技能（见问题3），因为检查清单起到的作用有限，只能帮助学生处理浅显的问题，或提醒学生完成他们知道如何完成的步骤，但无法帮助学生明确作业该达到什么样的质量。

根据范例检查自己的作业

马库斯让学生回顾范例，与范例对比，学生就能知道自己作业的质量如何，因为学生需要根据范例和成功的心理表征来评价自己的作业。比如，马库斯要求他们将自己的作业与范例段落、解题技巧或成绩进行比较。如果反馈只说明了答案正确与否，那么往往没有任何帮助，因为学生需要知道正确的答案是什么。马库斯会向学生展示样例的解题技巧，然后让他们查找自己的作业中缺少什么要素。比如，他会先讲解范文，然后让学生注意范文与自己作文的异同。有时，学生有目的地、创造性地偏离范例，那么将自己的作业和范例对比后，他们就能知道范例的优秀之处。有时，让学生将自己的作业和范例做比较，能让学生发现自己缺少的步骤和持有的迷思概念。马库斯想让学生发现自己作业和范例之间的异同，他们就能有效地自我监督。

马库斯经常让学生拿自己的作业和范例进行对比。有时，在讲解范例时，他还会给学生一份检查清单。比如，在讲解英格兰与罗马教会决裂的原因时，他都要求学生在每一段包含以下几点：

- 找出与问题相关的确切原因
- 列举支撑这个原因的佐证
- 解释为什么这个原因影响了亨利八世的想法
- 联系核心问题
- 评价这与本文中其他原因相比如何

当然，他不放心学生单独使用这个列表进行评价，但如果结合一个范例来用，他们可以知道如何在文章中“联系核心问题”。像这样的逻辑结构可以帮助学生专注于作业的要素，不用将每个方面都进行比较，以免给他们带来过大的压力。最后，马库斯希望学生能将好的范例模式内化，创建一个可以自我监督的心理模式，从而不再依赖检查清单。

一旦确信学生知道怎么算学好，马库斯就开始克服其他障碍，从而进行有效的自我评价和学生互评。这也意味着要做示范：要求学生自己给出反馈和接收反馈之前，他经常示范如何提供简短的、建设性的反馈，以明确提醒学生好的反馈是什么样的（不是什么样的）。他示范如何根据反馈作出改变，向学生展示如何修改、完善作业。他提醒学生在解决新问题时再次参考范例和之前的反馈，因为这有助于他们把已学知识和技能应用到新任务中。但是，马库斯仍然担心在自我评价和学生互评上投入太多时间，或者太早开始评价。他以一种渐进的、有组织的、限制的方式介绍反馈。他首先要确认两点：一是学生知道学好的标准；二是学生也知道如何根据反馈作出改变，并密切关注学生互评以及之后的反应。根据相关证据，马库斯相信，学生应该在提供反馈和根据反馈作出改变方面发挥更大的作用。虽然他仍然有一些疑虑，但这促使他提供了一些范例，以确保学生更清楚地了解作业质量，更好地自我监督。

- **小结：马库斯确保学生知道怎么算学好，能够以一种结构化的方式检查他们的作业，并知道如何应答。**

如何既有效又高效地写评语

马库斯认为改进反馈就意味着写评语，相关证据也迫使他重新认识评语的重要性。尽管教师“写评语投入了大量的时间，但迄今为止，关于投入与成效方面有说服力的研究少之又少，这两者之间存在着显著的失衡”。有关写评语的研究大多数规模较小，或侧重于高等教育及EFL（英语作为外语）的研究。另外，大多数研究针对短期影响，而非长期结果。尽管如此，学校还是极为重视评语，甚至已经到了过度的程度。独立教师工作量评估组的调查研究显示，过于重视评语对教师来说是多余的负担，该小组建议评语应该由专业判断推动，并且要“有意义、易管理和有动力”。约翰·梅森学校的罗宾·康威补充道：

评语不仅仅是外部强加的任务。近几年来，我发现自己想借助评语实现的目的越来越多。比如，解决识字问题、给学生确定目标、确认学生的作业有哪些优点、设计标准答案以及设计实现目标的指示语，简而言之，就是让评语帮助学生取得最大的进步。但我很少会停下来思考反馈每个部分造成的影响，也很少思考这个耗时费力的过程中，哪些部分对学习最有帮助。当学生取得进步时，徒劳无益地空忙是不负责任的。当他们学习陷入困境时，袖手旁观、减少评语会雪上加霜，所以我通常的做法是增加时间投入。

尽管有时候评语会产生很好的效果，马库斯还是先回顾了一般性反馈显示的一些缺陷：

- 如果学生从任务中得到了反馈，就不应该额外提供反馈，以免分散他们的注意力。

- 如果学生知道了学好的标准，马库斯就应该帮助他们自主纠正错误。

- 反馈的内容越多越复杂，学生理解和作出回应的可能性就越小。

- 如果学生只是对马库斯提供的信息作出回应，那么反馈就毫无意义。

马库斯意识到，许多常见的写评语的方法并不能帮助学生取得进步。比如，他给学生作出了口头反馈，或将反馈写在学生的书中，但这种方式没有提供帮助学生取得进步的额外信息。同样的，他“哗啦哗啦”地翻阅学生的书本，给学生一种他在检查作业的错觉，实际上也没有给学生任何信息。最后，也只是告诉学生他们的作业完成得很好，已经达到特定等级，但这样只能凸显评价机制的表面特征，不会让他们深刻理解高质量的作业是什么样的。还有一个潜在的问题，就是马库斯批改作业有多种目的。有时是为了帮助学生取得进步；有时，他只是为了向家长、管理者和督导表明他尽职尽责。这似乎使教师更痴迷于把学生应该牢记在心里的内容写在纸上。

● **马库斯决心明确自己的目的，当他想帮助学生取得进步时，就会专注于此，避免把时间浪费在这些噱头上。**如果他需要向他人证明自己在努力工作，可以采取其他方法，比如，收集学生修改作业的草稿，这些草稿证明了学生在不断进步，在他未来几年的教学中也是有用的资源。

● **马库斯回顾了许多情况，在这些情况下给予单独反馈可能不是最好的方法，应该考虑替换。他计算了写评语造成的机会成本，比如，写评语花费一个小时，就减少了一个小时来规划讲解内容。**

● **马库斯在批改学生作业的时候，会充分利用有效反馈中的信息。**

政府实施了一项针对工作量挑战的项目，在对这个项目的反馈中，超过半数的人认为过度批改作业的任务十分繁重。为此，马库斯遵循三个原则，使他的批改易于操作、高效并且有意义：

有针对性地批改

学生一个小时内完成的作业量比教师能批改的多（或者学生取得的进步也比教师预计的大）。马库斯检查了一些学生的答案，找出普遍存在的问题，然后针对作业的某个特定方面进行批改，例如：

- 每段的第一句话
- 图表绘制的准确性
- 三个分别反映主要迷思概念的问题

有针对性地批改不仅速度快，还有其他优势。比如，可以凸显学生在哪方面取得了进步，也为马库斯在下节课上回顾知识和做示范提供了重点。他把同样的原则应用到拼写、标点和语法的修改上，指出学生前三个主要错误，然后只标记学生自己无法纠正的专业词汇。马库斯没有提前告诉学生他会针对哪方面进行批改，一是避免学生只关注要批改的部分；二是他会先检查学生的答案，然后再决定针对哪方面批改。事后他确实向学生解释了批改的部分以及原因，避免学生认为没有批改的部分都是完美的，或者认为他们付出的其他努力是白费的。有针对性地批改作业不仅节约时间，还能帮助学生取得进步。

反馈形式标准化

大多数学生的回答可以分为几个层次："明白了""没全明白"和

“没懂”。马库斯并没有重复同样的反馈，而是将他的反馈形式标准化，例如：

- **创建一张目标相同的表格来批改常见的任务。**比如，写一篇特定体裁的文章，在上面分别用对钩和叉号标记学生作业的优点和不足。
- **采用特殊符号，不用完整拼写。**比如，在上历史课时，马库斯用“Ev”代表“Evidence”，在“Ev”上打对钩就表明在证据方面很有说服力，在“Ev”上画圈表示需要增添更多更好的证据。马库斯批改历史论文时，都用这些特殊符号。
- **将学生下一步要做的任务标准化。**马库斯发现，在以下工作中，他常常要学生完成某个任务：
    - 在支架式教学[①]或额外帮助下重复最初的任务
    - 完善他们的答案
    - 在最初任务的基础上进行新的挑战

马库斯没有多次重复同样的内容，他在作业上写下“目标1”，并将目标写在白板上，以便与学生讨论，同时要求他们在必要时记录或采取行动。

在阿宾顿的约翰·梅森学校，教师们编写了“考官报告”，整理了他们对学生答案的看法：在诸如英语和历史之类的学科中，分析总结能显示大多数学生都存在的优缺点，学生必须找出自己作业的优缺

① 支架式教学不仅是一种教学理念，也是一种教学模式，为学习者构建概念框架，促进学习者对知识和问题的深入理解。——译者注

点。在科学和数学学科中，电子表格用来记录一些常见的观察结果，包括学生哪些问题回答得较好、哪些问题较差。

如果一个学生的答案别出心裁，马库斯就会提供个性化反馈；对于表现出色或完全没有抓住重点的学生，他会单独提供反馈和帮助。大多数学生答案的优缺点相似，这种情况下，他会迅速高效地统一提供反馈，但他无法判断对常见问题提供唯一的反馈是否合理。

减少评语，促进思考

反馈越复杂，学生受益似乎就越少。马库斯评语内容写得越多，学生进步的可能性就越小，而口头反馈可能更有效，因为他讲解的时候可以检查学生的理解。马库斯想起简洁的重要性，于是评语尽可能地简洁。因为他发现，有时一些简单的评语能促使学生更努力地思考，比正常的评语更有效。例如：

- 如果直接告诉学生哪些答案是错误的，他们确实能够立刻改正，但是，如果换一种方式，告诉学生："这些答案中有一个漏掉了第三步，你能找出哪个是错误的并改正吗？"学生不得不再次仔细检查答案，找出合格作业和不合格作业之间的区别。
- 马库斯不需要解释所有问题，与其解释问题是什么，不如强调问题所在，然后让学生与标准答案进行比较，自己确定如何完善。
- 马库斯在纸上给每位学生写一份评语，然后将学生分成四人一组，每组给四份评语，随后让学生互相检查作业，并确定哪条评语适用于哪份答案。

● 对于每一个错误，迈克尔·皮尔珊会写一个相关但不完全相同的例子，发放给学生，要求他们找到那个与自己所遇问题相关的样例，然后正确地解答出来。

马库斯使用这些技巧时十分谨慎，以免打击学生的自信心。当学生具备了学好技能所需的知识和信心时，他就会使用这些技巧。同时，他也会确保学生有积极的态度，能理解练习的目的。如果他们不确定哪些地方需要改进，他不会白白耗费时间。他的目标是在高效写评语的同时促进学生思考。

如何不动笔就提供有效反馈

根据评价的结果，马库斯不再提供个性化反馈，而是针对不同群体的学生提供反馈和修改任务。下一步要做的就是找到不需要动笔就能提供反馈的方法。

课堂反馈

如果时间允许，马库斯在课上就会给学生提供反馈。他提供反馈的原则是相同的，即选择反馈的一个层次，并让学生根据反馈进行修改。有时，他也会提供个性化的口头反馈，但无奈时间有限，他无法对每个学生详细地解释要点。在口头反馈之后，马库斯会让学生自己解释，以检查他们的理解程度；或是让他们开始修改自己的作业，然后很快再次检查。还有，他提示学生接下来如何完善作业，这样在他讲解新知识时，这些提示对学生来说可供参考。有时针对群体的反馈比个性化反馈更有效，比如，当他发现三个学生有相似的问题时，他会假定更多的学生面临同样的困惑，这时他会停止讲课，进行解释。即使困惑不解的学生没有那么多，让学生过度学习，即在完全掌握知识后继续进行练习和提升，对学习和记忆也会有非常积极的影响。

在设计课后反馈时，马库斯先检查学生的答案以及出现的错误。就像乔·费瑟一样，她每周检查学生的作业一到两次，并且是在30分钟内读完60本作业。写评语时，他也学习乔·费瑟，指出错误的拼写、作业的优点、需要改进的主要地方，以及哪些人做得特别好或特别差。审阅完学生的作业，他没有把评语写在上面，而是使用了其他技巧。

重新教学

通过重新教学，马库斯可以高效地解决常见的迷思概念和知识缺口。他会重复定义，同时提供助记符[①]帮助学生学习事实性知识。另外，他会提供一些正例、反例和图例来帮助学生理解概念。他重复最初讲解的内容，采用在单元教学计划中整理的新图片、例子和隐喻

① 助记符是一种缩写符号，有助于人们记忆事物，并描述指令性功能。——译者注

（见问题1）。不会用数轴进行加法的学生可能更擅长使用计算器；那些对美国宪法困惑不解的学生，可以通过研究最高法院当前的案件解决疑惑。上节课“理解了教学内容的学生”也不会因此感到枯燥，因为他们也常常忘记课程中的某些内容，可以要求他们过度学习、向全班学生解释要点或者去挑战新的任务。如果要解决知识缺口和迷思概念，重新教学似乎是最简单的方法，也是最有效的方法，而不是提供个性化反馈。

回顾范例

要想使学生的表现更接近目标，可能需要更多、更清晰的知识以及更明确的目标。马库斯回顾了他教的内容和提供给学生的范例，同时提供了新的范例，这样学生当下就能将自己的作业与范例对照，更好地理解差距所在。卡罗琳·马西以奥兰多·菲格斯的《人民的悲剧》为例，为参加普通教育高级证书考试的学生提供优秀范文。她让学生阅读范文，随后检查自己需要修改的部分：“你的句子太长了，重读第46页。”回顾检查清单（在问题3中讨论过）可以帮助学生找出他们作业的不足之处，比如，标点符号、主题句或平衡方程等。通常情况下，马库斯挑选范文，不让学生彼此借鉴，以确保他们从范文中找到最重要的特征。回顾课程目标有助于学生取得进步，力求达到最佳。

修改过程

马库斯向学生展示如何出色地完成作业，并做示范来展示完善的过程，通过举例和做示范告诉学生该怎样改进自己的作业（见问题3）。例如，他会用一个学生的答案或者自己编的错误答案，在黑板上示范如何改写和修正。他选了一个段落，一行一行地改，一开始会问学生一些开放性问题，如果他们很难理解他的意图，就直接提问：

- 这里怎么改进？
- 我们怎么把这个描述得更清楚？
- 这里我们应该用什么特定的术语？
- 谁能建议删除一个多余的单词？

他会对学生说："参照范例，看看这个样例中缺少哪些步骤"，这样就能让学生将有缺陷的例子和范例进行对比，找出差异。向学生展示如何完善作业，并引导学生思考作出修改会产生两个效果。首先，特别是当马库斯提到最初的范例时，学生会更加理解如何修改作业，采用什么策略才能完成高质量的作业（见问题3）。其次，这种方式模拟了改错、编辑和改写的过程，他希望学生能够利用这种方式来完善自己的作业。

增加练习

了解学生掌握多少知识很重要，但这并不意味着马库斯必须立即介入。学生甚至不需要纠正错误就可以直接从增加练习中受益。因为学习和表现之间是有区别的——虽然有时候学习状态不佳，但学习效果可能反而更好（见问题2）。乔希·古德里奇注意到，擅长形成性评价的教师往往严格控制学生的学习、错误和迷思概念，但这可能就意味着学生永远没有机会自己努力解决问题，因为教师会立刻讲解迷思概念，没让学生自主思考，不利于长期学习。另一项观察结果也支持了这一观点，反馈“可能会减少执行任务所需要的认知努力”。因此，“从长远来看是不利的”，让具有已备知识的学生自己发现需要改进之处更有价值。正如古德里奇观察到的那样，如果教师不让学生努力思考，虽然他们的表现看起来很好，但实际上会对他们的长期理解造成损害。决定学生做多少额外练习需要判断，但马库斯至少让学生再做两到三道题，然后再和他们进行核对。马库斯发现这种做法不容易说清楚，对听课教师来说更是如此，但这一点非常重要：迅速反馈会削弱学习效果，尤其是在学生已经掌握了所需知识的时候，这时增加练习更有帮助。

总结

为学生考虑学习策略并提供个性化指导，确实能够帮助他们提升学习，但在教学实践中，马库斯采取的策略更加灵活，不会局限于他的分类方法。在有些课程上，学生会收到口头反馈、有针对性的评语或是针对全班学生的反馈。例如，修改范例可以补充个性化反馈形式。每个学生的需求不同，所以马库斯也会相应改变。就像苏珊·斯特罗恩一样，在通常情况下，她会向全班学生统一提供反馈，如果个别学生很难确定自己的问题，她说：

我会把这些学生的名字单独记下来，给他们确定一个具体的目标。在班里巡视的时候，我会告诉这些学生要做什么，对那些学习成绩最差的学生，我会把要求写在他们的作业本上。

结合各种方式，马库斯的教学非常高效，同时还能保证所有学生都获得自己需要的帮助。马库斯还能提供面向全体的反馈，让所有学生都知道自己该如何提升。马库斯发现，不提供个性化反馈能节省一些时间做更有意义的事情。比如，与其向每个学生解释如何提高写作水平，不如花时间计划一个5分钟的讲解，让学生清楚地了解他的想法。马库斯通过回顾教学方案和策略选择，相信反馈的形式没有“最好”。只要他有效地具体情况具体分析，反馈就可以有力地促进学生进步。

教学原则

应答式教师要根据每个学生的需求，以一种可持续的方式为学生提供清晰的反馈。

经验分享

通过提供整体反馈来节约时间

约翰·梅森学校是位于牛津郡阿宾顿的一所综合性学校。罗宾·康威自2007年以来一直在那里任教。他原本是一名历史教师，同时也为考取普通教育高级证书的学生教授社会学、政治学和心理学课程。他担任过历史人文学科负责人和专业指导教师，2015年担任研究创新中心主任，主要负责为融合教育研究和课堂实践的学校提供指导。他为学校的博客（https://jmsreflect.blog/）撰写文章并担任编辑，以下是摘录。

“在约翰·梅森学校，研究反馈的目的及其可能产生的影响时，我们尝试提供整体反馈时跨越不同学科和关键学段。我们发现这种反馈形式有许多积极作用。比如，教师一旦使用它，就能大幅减少工作量。我注意到在几个学生的作业上写相同的评语一共花了多少时间。利用这种反馈形式，我们制作了一张班级反馈表，最初把它命名为‘考官报告’，重点关注如何确保学生采纳上面的关键信息。与其他反馈形式一样，考官报告上只记录学生哪些方面做得很好，哪些方面还不够好，需要改进。做示范的确有所帮助，但即使与一般反馈相结合，示范的效果也取决于反馈的哪个层次适用于他们的任务。自信心较低的学生往往对自己的学习过于挑剔，会执拗地解决超出自己能力的问题。如果学生对评价标准不是很清楚，就往往看不出来哪些反馈适用于自己。

“对那些不善于利用反馈的学生来说，一对一的交流至关重要。我认为，尝试某种新事物的愿望和想获得反馈的开放心态也有帮助。因为如果学生感觉很难理解反馈，他们更愿意尽早承认这一点。这可能是因为他们发现问题不在自己或教师，而在于‘新’方法。

“对我来说，这个过程让我再次重视对话在反馈中的重要性。我并不提倡书面讨论，也不赞成用特定颜色的钢笔进行标注。因为工作量是一个必须要考虑的因素，同时，学生接受反馈再作出修改所需要的时间也要加以考虑。然而，我相信学生能明白，看到我给的反馈是对话的第一步。在这个对话过程中，我们将讨论哪些方面进展顺利，以及如何实现这一目标，下一步是什么，他们将如何努力实现这些目标。

“这种对话不必采用如此费力的书面形式，几周内用不同颜色的笔标注，书本和文件夹来回传递。有时，如果想与某个学生或者小组讨论一下，口头形式其实更快捷，也更有针对性。在这方面，像‘考官报告’这样的评价工具可以起到很好的作用，减少重复评语浪费的时间，同时启发我如何帮助学生取得进步，也可以更清楚地开始我们的对话。然而，我发现面向全班学生提供反馈仅仅是个开始，对学习过程来说并不充分。无论以何种形式，我都需要我的学生直接对我的反馈作出回应，以确保它能发挥作用。”

以下问题有助于我反思学生对反馈的回应。

- 这个错误有多普遍？我需要和全班学生一起讨论这个问题吗？
- 这个问题学生自己能解决吗？如果能，我什么时间让他们去做呢？
- 我怎么知道这些反馈是否“被接受”了呢？我期望学生用它做什么，或者我期望如何培养他们的思维方式？我什么时候能给他们时间开拓思维？
- 在这个阶段，与学生合作最高效的方式是什么？

经验分享

设计需要反馈的工作

沃伦·瓦伦丁是东南部一所州立文法学校的教师，负责政府和政治学科的教学。他教书已经5年了，刚刚获得历史教育硕士学位。最近他在其任职学校成立了一个反馈和评价工作组，在教学实践中继续尝试这个方法。

“每节课结束，我都试着查看每个学生的作业，之后我就彻底改变了教学方式。在评价机制中，我曾将‘写评语’和‘反馈’混为一谈，这让我十分沮丧。按照要求，每6节课就要向学生提供某种形式的‘形成性反馈’，最终导致学生只朝着‘评价结果’的方向努力，而我还要在所有作业本上反复写上同样的评语。学生可能注意到教师写的评语，但我们很快就会学习下一个单元。这种方式对学习似乎没有太大的帮助，因为在教学结束很长一段时间后，学生的主要迷思概念才被发现。而且，给学生一份书面评语，告知他们的优缺点后，我几乎没有依据判断学生是否真正‘理解了’。

“因此，我决定采用‘圆贴纸评语’的做法，看看在第三关键学段，每节课结束后，是否有必要继续评价每个学生的作业。我重新组织了所有的课程，最后，我会出一个所有学生都需要努力思考的问题，让他们写一篇短文，并且要求他们用自己的话来解释这节课的主要概念。我曾经尝试过使用‘课堂反馈条’，让学生们在一张便利贴上写下某种形式的评语，但我发现内容太少了。有一段时间，由于无法投入大量时间，学生们也没有认真对待，所以我也无法了解他们的理解程度。我把学生写好的段落收上来后，每天早上每节课都会用大约20分钟来阅读。每个学生都会得到3种彩色贴纸中的一种，我经常把颜色混在一起用，以免让学生觉得不同的颜色代表着不同的评价等级。当学生养成习惯时，走进教室后铃声响起就会开始答题。学生拿到贴纸的颜色不同，题目也不同，这样题目也能突出重点。答题结果通常分成三组：'懂了''差不多了'和'误解了'。对知识'懂了'的学生会被问到一些问题，以进一步拓展他们的思维；对知识理解得'差不多'的学生，我会要求他们解释知识点，或者完成外延类问题，在课上讲到某个环节时我会检查他们的理解状况。对那些理解知识较差的学生，我会把他们叫到一起，讲解事先设计好的内容，帮助他们解决迷思概念，然后指导他们重新完善答案。

"我发现这种方法很有帮助，因为学生的迷思概念或者学习中的过程性错误，越早解决越能发挥终结性评价的作用。我花费了大量的时间进行精确判断，而没花多少时间对终结性任务做出形成性评价。我还在课堂幻灯片上记录了关键的迷思概念，然后设计了方法来避免、解决这些问题，或者一年后再次讲解时组织学生讨论。

"应用这种方法有挑战性，因为为学生提供指导的同时也要符合学校的规定，即每6节课提供书面反馈的要求。我节省了大量的时间，但为了兼顾两者，还要把更多的时间花在满足学校的政策要求上。我用两种方法解决这个问题。在适当的时候，我会根据贴纸颜色提供一系列评价，并告诉学生不同颜色的贴纸代表完成任务的不同质量，可以作为判断自己学习状况的依据。接着我向学校高层领导展示这个方法的效能，之后领导明显降低了要求，并鼓励所有教师向学生提供多样化的反馈。令我惊喜的是，学生并没有把颜色和成绩混为一谈。有一两个班级就是这种情况，当我解释个性化反馈是对他们的具体评论作出的回应，而不是对他们的表现作出的评价时，他们似乎更满意了。

“我从这个实验中学到了一个经验，就是事先做好计划，确定哪些内容需要提供反馈，哪些不需要，然后据此回应。我发现自己在阅读学生写的段落时，已经感觉到学生‘明白了’，而且有证可循。与此同时，学生在作文中也会表达出一些想法，那些也正是我希望在课上发现并讲解的。所以，虽然我没有把每个学生以及每节课的作文都看一遍，但我已经计划好了需要为学生提供什么反馈，以及什么时候提供反馈，这样我就能更有效地利用时间，有更多的时间，更好地进行课程设计，解决我现在需要关注的迷思概念。”

检查清单

1. 问题是出现在前一个阶段吗？
   - 学生理解怎么算学好了吗？ □
   - 给学生布置的任务可以得出有针对性的反馈吗？ □
2. 学生能对自己的作业承担更多的责任吗？ □
3. 你能针对任务的某一方面写评语吗？ □

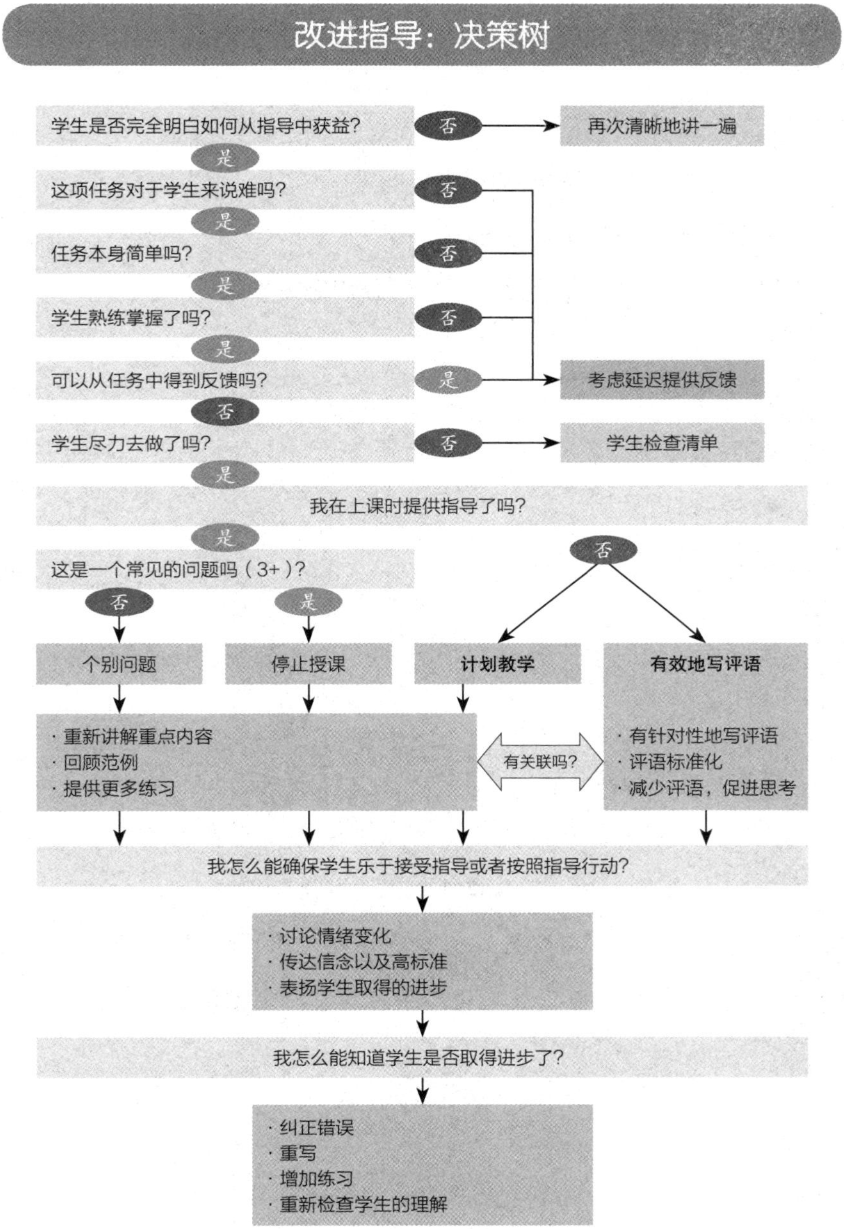
改进指导：决策树
学生是否完全明白如何从指导中获益？
否
再次清晰地讲一遍
是
这项任务对于学生来说难吗？
否
是
任务本身简单吗？
否
是
学生熟练掌握了吗？
否
是
可以从任务中得到反馈吗？
是
考虑延迟提供反馈
否
学生尽力去做了吗？
否
学生检查清单
是
我在上课时提供指导了吗？
是
这是一个常见的问题吗（3+）？
否
是
否
个别问题
停止授课
计划教学
有效地写评语
· 重新讲解重点内容
· 回顾范例
· 提供更多练习
有关联吗？
· 有针对性地写评语
· 评语标准化
· 减少评语，促进思考
我怎么能确保学生乐于接受指导或者按照指导行动？
· 讨论情绪变化
· 传达信念以及高标准
· 表扬学生取得的进步
我怎么能知道学生是否取得进步了？
· 纠正错误
· 重写
· 增加练习
· 重新检查学生的理解

图6.2　改进指导：决策树

4. 你能将你的评语标准化吗？ ☐

5. 你能限制你的评语字数吗？ ☐

6. 如果没有个性化反馈，学生可以取得进步吗？

- 在课堂上提供反馈 ☐
- 重新讲解 ☐
- 回顾范例 ☐
- 修改过程 ☐
- 增加练习 ☐

重要参考文献：

罗恩·伯格（2003）：《追求卓越的精神：与学生一起建立一种工匠文化》，朴茨茅斯，新罕布什尔州：海涅曼。

罗恩·伯格是一名木匠，也是一名小学教师。这本书展示了他如何在课堂上营造一种工匠文化和精益求精的文化氛围。

问题 7

如何促使应答式教学变成现实

教学问题

学校的需求永无止境，但教师、部门以及学校的资源却是有限的。前六章提供了例证、想法和建议，但正如迪伦·威廉所说，大多数教师都在尽其所能地提高学生的成绩。在使用应答式教学原则时，又出现了两个问题：

（1）什么时候开始使用应答式教学

教师一直忙得不可开交，即使采用应答式教学后确实可以节省时间，但刚开始时需要投入时间。

（2）我们如何才能持续地、有效地改革

即使时间充裕，我们也很难将良好的初衷转化为持续的习惯。很多时候，我们会尝试一些新事物，比如应答式教学，但很难坚持下来。为了帮助学生取得进步，我们要改变教学方式，并持续下去，以逐渐完善。

本章提出了一些方法，帮助不同角色的教师应用前几章的例证和原则：

① 我们如何腾出时间进行应答式教学？

② 有经验的教师如何运用应答式教学方法？

③ 新教师如何运用应答式教学方法？

④ 教研员如何支持应答式教学？

⑤ 学科组长如何促进应答式教学的发展？

⑥ 教师专业发展[①]如何助力应答式教学发展？

⑦ 高层领导如何保证应答式教学发挥作用？

重要参考文献：

奇普·希思和丹·希思：《瞬变：如何让你的世界变好一些》。伦敦：兰登书屋。

希思兄弟在书中描述了三个意象：大象——我们的本能；骑象人——我们的理性思维；路径——我们所处的环境。希思兄弟希望我们客观地看待自己的表现，从而做出改变。

① 教师专业发展是指教师从新手型教师到专家型教师的转变过程，不断发展和完善专业思想、专业知识、专业能力等等。——译者注

QUESTION 7

我们如何腾出时间进行应答式教学

应答式教学法可以减少工作量，让我们更好地利用时间，但要成为一名应答式教师，就需要时间来计划教学、改变教学方式。这一节指导大家如何腾出时间进行应答式教学。更具体地说，是介绍一些减少工作量的方法，以便我们把精力放在最重要的任务上。本节主要讲述关于教学的三种观念：

1. 我们想为学生做的事情很多，但我们不能完成每件事。

2. 并不是所有教学任务都同等重要，有时候为了完成一项有价值的任务，可能没法完成更重要的任务。

3. 我们不能创造更多的时间、更加高效地工作以及平衡教学目标来解决挑战，因为任务是无穷无尽的。

本节以史蒂芬·柯维提出的时间管理框架为基础，提出以下建议。

明确你想要达到的目标

在学校你要做什么？这个问题的答案似乎显而易见。但是，你要思考首要的任务是让学生们了解物理学的奇迹，确保每个学生都能通过普通中等教育证书考试，还是协助你的同事，帮助学生通过标准成绩考试（SATs[①]），所以，目标对你如何分配时间至关重要。

为你担任的每个角色每周计划三个优先事项

每周留出时间计划下一周的优先事项。为你所担任的每个角色（如教师、辅导员、教研员、学科组长）选择三个优先事项。例如，如果你同时是教师、辅导员和协调员，你就要制定9个优先事项：

- 教师：
  - 对十年级的论文作出反馈。
  - 为七年级下一单元创建知识结构图。
  - 为九年级的缺课学生补课。
- 辅导员：
  - 联系休学的学生回来上课。
  - 组织周五的课外活动。
  - 策划年终旅行会议。
- 协调员：
  - 完成语法海报的设计。
  - 准备在下次教职工大会上展示海报，并在下周分发。
  - 校订七年级学生的拼写。

① 是由英国上一个保守党政府实施的一项考试，用于评估学生对基础学科的掌握情况，主要包括阅读、写作、算术和科学四个科目。按规定，所有第一、第二与第三关键学段最后年级的学生都将参加SATs考试。——译者注

为下周的每个教学目标分配时间

为下周每个教学目标分配切实可行的时间。比如，周三批改十年级学生的作文，周四完成语法海报第一期，以此类推。

在规定时间内完成任务（不要做其他事情）

尽管将事项优先排序至关重要，上面几个步骤看起来也平淡无奇，但挑战不在于将事情排序，而是在受到其他干扰时还能坚持下去。制定时间表很容易，但有时会遇到难以预测的事情，例如，同事的额外工作要求，学生在学习上遇到意料之外的问题，所以通常很难按照时间表进行下去。应对压力最有效的方法是不要同时做太多事情，可以停下看似急迫、十分重要的事情，以专注于处理最重要的事情。如果额外工作要占用时间，我们需要以积极和合作的方式来应对，但不能占用优先事项的时间，例如，写课堂反馈条、设计关键问题以及尝试反馈效果等。为了保证完成优先事项，我们可以这么做：

将馅饼视为烤好的（不能再往里添加东西）

一旦馅饼烤好了，即使来了更多的客人，也不能再添面和馅了。同样，一旦做好了一周的计划，即使有新任务，我们也不能增加时间。馅饼已经做好了，如果新客人来了，我们要么把馅饼切得再小些，要么让客人饿着离开。所以，如果有新任务，我们可以重新分配时间、推迟或者拒绝这些任务，但不能增加时间。也就是说，即使增加了必须完成的重要的新任务，我们也不能额外花费时间。如果新任务不重要，就将其从计划表中移除、推迟或者减少。就像骆驼一样，我们在往上加一根稻草时，要先拿下一根，否则会慢慢把它压垮。

如何表达已确定时间表：

- 如果这周要提交特殊教育需求申报表，下学期的教学计划就要推迟到下周来做。
- 我愿意做。但这是我这周要做的事情，你建议我推迟什么？

明确新任务带来的影响

有时，同事可能意识不到他们的要求会给你带来什么影响。这在向全校教师提出要求时尤为常见，因为同事可能没有意识到自己部门或年级组以外的人所面临的压力。要让同事知道，为了遵照他们的要求，我们需要采取的措施，以及它对我们自己的工作产生的影响，所以可能要让他们修改任务，或者推迟截止日期。

如何说明他们的请求对你的影响：

- 填写这张表就要查阅本学年所有学生每个单元学习的数据。你真正需要的信息是什么？有没有更简单的方法？
- 如果在本周内完成这项任务，我就不能同时完成所有的评价，那么应该先做哪个？

讨价还价

如果同事对你的解释无动于衷，或者我们没有勇气讲出实情，我们就要自己调节。我们往往既可以让同事满意，又不需要增加工作量。比如，将任务简化，或者提交我们已经做过的东西。

如何提供其他解决方法：

- 我不确定是否能在周五之前完成，但我很乐意在周二的例会上讨论这个问题，然后把大家的想法汇总给你。
- 学生们这周复习要用书，所以我不能抄答案，但这一年中，我已经收集了各种范例，你想要吗？

拒绝任务

这种方式最有效，但要谨慎使用。在同事们提出的各种要求中，并非每个要求都很重要，也并非每一个都需要全身心投入。我并不是提倡故意消极对待工作，如果一项任务真的重要，不管我们喜欢与否，都应该去完成。相应的，我们就应该重新安排一周的优先事项。然而，许多任务并不重要，或者说没有改进教学方法重要，那么可以先试探同事的反应，看看大家的态度，快到最后期限再提交也没有关系。如果同事按照要求认真地做，那么你也照做。如果没有，就可以弃之不顾，无论之后再被提起、淡化处理或是遗忘，都没有关系。

如何拒绝不合理的任务：

- 史蒂夫提出的问题你完成了多少？
- 我在想，那件事可以先放一放，也许最后就不了了之了。

养成专注的习惯

不管压力有多大，都需要将专注作为一种习惯，专注于最重要的事，礼貌拒绝不重要的事。

判断能力

作为教师，我们需要有良好的判断力以及充足的信心，以更好地保持专注。因为有些任务虽然棘手、无聊或乏味，但至关重要，面对这样的任务时我不提倡逃避。我提倡抽出时间来提升自我、发展自我，而不是被一些琐事压得喘不过气来。史蒂芬·柯维有段话说得很好：

你必须决定对自己而言最重要的事情是什么，并且要有勇气——愉快地、微笑地、不带歉意地对其他事情说“不”。拒绝这件事情的方法是在内心记住最重要的事。记住，你总是在对某事说“不”。如果你没有对你生活中显而易见的、紧急的事情说“不”，你就要放弃更根本、更重要的事情。

解决根本问题

上述的做法只是个性化反馈，但这些问题会对所有教师都产生影响，所以可以统一地、系统地解决。以下做法可能有所帮助：

- 在开始一项耗时的任务之前，咨询一下专业的、有判断力的同事，他们可能有更好的解决办法。
- 思考团队如何分配任务，共同解决耗时费力的任务。

本节内容是专门为教师设计的，但同样适用于学校中层和高层领导。领导可以帮助教师免受堆积如山的任务的影响，让他们专注于处理最重要的事情，并鼓励他们有效地应对工作。最好的情况就是让教师对分心的任务一无所知（对高层领导的更多建议见下文）。

有经验的教师如何运用应答式教学方法

教师工作很快会形成惯例，比如如何做记录、分发表格和应答问题等。惯例一旦形成，就很难改变。在教学中，改变一个惯例就像推倒一张多米诺骨牌，会产生连锁反应，影响相关工作。例如，我们提问的方式会影响我们如何回应学生的答案。改变有效的惯例可能导致效果降低。例如，大奥蒙德街医院改变了心脏手术技术，最初导致死亡率升高。虽然死亡率升高可能难以避免，但这种改变是值得的，因为一旦外科医生完全掌握了这项技术，死亡率就会下降，婴儿的生命会更长，身体会更健康。因此，作为一名教师，想提高自己，就要改变传统的教学方法。虽然最初效果不佳，但持续发展就会从中受益。以下过程会有所帮助。

确定要求

选择一个班级，使用“从哪儿开始”结构图（见图0.1），并停留在第一个问题上，将这个问题分解，立刻解决，比如：

- 单元教学计划没有明确学生需要掌握的内容。
- 学生的答案没有达到期望的标准。
- 学生没有使用反馈。

选择一个方面进行改变

我们很忙，也很难作出改变，大的或者复杂的改变更可能遇到阻力，甚至遭遇失败。作出一个小的、力所能及的改变可以解决教学中的问题，也能和现有的教学惯例相适应：

- 为教学单元设计知识结构图。
- 再次思考好答案是什么样的。
- 使用关键问题，检查学生对反馈的理解。

选择一种评估方式

在讨论问题4的时候，我提到一些巧妙的、善意的行为常常带来不可预测的结果和影响。我们需要一种客观的方法来评估改变带来的影响。很多事情都会对学生造成影响，从中选择一些你可以评估的、容易记录的，比如：

- 我可以根据知识结构图来设计每节课的关键概念吗？
- 更多的学生利用好答案的关键特征了吗？
- 有多大比例的学生答对了关键问题，他们理解反馈内容了吗？

全力以赴作出改变

在教学上，我们要做的不仅是尝试改变、喜欢改变，然后放弃改变。我们需要时间来克服改变之初造成的不良效果，也就是说，我们要看到改变教学方式的优势，让它发挥作用。全力以赴在最短的时间内，至少12节课，一直运用新的教学方式，就像沃伦·瓦伦丁的经验所示（见问题6）。如果在一段时间内一直努力运用一种教学技巧，我们就能得到一些启示，即使随后我们用另外一种方式也没关系。

- 确定一个具有里程碑意义的时间点，比如在半个学期内一直使用改革后的教学方式。
- 向学生承诺：向学生描述你的意图，以及他们支持你的理由，并向他们表明你的努力。
- 向同事承诺：向同事描述计划会带来压力，能让同事对结果产生兴趣。如果你能和几个同事一同努力改变教学方法，那么不仅更有效，你们还能相互学习。

改变、完善与评估

留出时间改变教学方式，并评估其效果（见问题7）。不断调整教学方式，使其适合你的日常教学和学生的需求。每次尝试改变后都记录其效果。

- 知识结构图有一定的帮助，但课程结构需要细化，所以要重新设计。
- 学生知道范文的一些特征，但仍然不会写作，那就示范如何写作。
- 如果学生很难有效回答有关反馈的关键问题，可以给学生分配更具体的任务，帮助他们理解反馈。

努力使之常规化，或者重新思考

在一件事真正成为一个新的惯例之前，我们很容易中途放弃。如果作出的改变有作用，那就投入更多的时间，进一步完善。如果在你初次投入时间后没起到作用，根据你之前掌握的知识，尝试另外一种不同的方式。

- 将工作量加倍，并常规化：比如，知识结构图很有帮助，可以把下学期期中之前的教学单元知识都做成结构图。
- 重新思考：问题不在于学生对反馈的理解，而在于他们对预期标准的理解，那么下半学期专注于解决问题3。

分享经验

分享工作经验可以给其他人提供一个参照，试着把我们学到的内容清晰地表达出来，也会让我们自己加深理解。

- 在你的学科协会期刊上发表一篇博客或者一篇文章。
- 在下一次部门、年级团队或员工会议上与同事分享工作经验。

重复

按照相同的过程，作出另一个改变。

QUESTION 7

新教师如何运用应答式教学方法

培养技能要有基础，所以我们学习知识的顺序很重要。弗朗西斯·富勒（1969）认为新教师的疑虑显示出知识学习的顺序：

1. 我真的应该站在这里吗？我算是一名合格的教师吗？

2. 学生们真的会听我讲课吗？我能教课吗？

3. 学生们在学习什么？

富勒认为，如果新教师只是关心如何做一名教师，或者只考虑学生的行为，他们很难思考学习。最近一项国际研究似乎也证实了这一观点，研究表明教师的疑虑符合知识学习的顺序，沿着这个顺序推进，就能让学生的学习成绩越来越好。这说明，新教师不可能首先想到应答式教学方法，但专注于应答式教学对新教师来说很有帮助，可以让他们在设计教学时更加自信，理解学生正在学习的内容，并解决学生的需求，也能证明你作为一名教师确实是合格的。

对此，我建议：

1. 先解决问题1，明确学生在一个单元中要学习什么。先做单元教学计划，再做每节课的教学计划。从你的同事那里搜集一些建议，例如，重要的呈现方式、解释、迷思概念和横向知识等。

2. 集中解决问题2，明确你想让学生学习的内容，只有这样你才能确定学生是否掌握了这些内容。

3. 解决这些问题之后，使用课堂反馈条（见问题4）准确地检测学生正在学习的知识，并计划作出应答。

无论你想改变什么，请记住以下几点：

1. 尽可能简化课程（见问题2），并创建惯例。可以给学生增加挑战，也可以尝试新内容，但要减少每次尝试的新内容，避免给自己增加认知负荷，也避免让学生感到困惑。如果将事情常规化，你就能专注于小变化，并测试其效果。例如，如果我用一个关键问题检测学生对知识的理解程度（见问题5），不做其他改变，会发生什么？

2. 认真设计改变方法：简单写一下你怎么向学生介绍新的教学方式，并反复练习。如果你对整个学习小组使用一种新的反馈形式（见问题6），那就准备好解释，并面对自己或者同事大声练习，不断改进。

3. 有些教师很好地使用了应答式教学方法，向他们请教一些具体的困惑，并征求他们的意见。比如，你可以问："如果向学生示范解决这个问题，你会怎么做？"

4. 尽可能多地拜访其他的教师和学校，这样你就会明白怎么算教好。问他们一些问题，比如，他们在做什么？为什么这么做？他们取得如今的教学成果都作出了哪些改变？

5. 记录你正在做的事情，以及这些事情是如何进行的。上完课强迫自己找个地方做简短的记录，这对日后反思能够起到很大的促进作用。一年后，当你再次回顾时，就知道该如何改变。

有经验的老教师的指导也可能有帮助。

QUESTION 7

教研员如何支持应答式教学

通过应答式教学，教师可以了解学生的学习状况。明确这一点对新教师尤为重要，这样新教师会认识到他们对教学效果所担负的重大责任，从而不再每天担心“学生会听我的吗”“这节课我准备的材料够吗”。有一项研究表明，对于经验丰富的教研员来说，如果要帮助新教师专注于个体学生学习，让新教师掌握形成性评价领域的知识最为重要。一位经验丰富的教研员说：

我指导过的许多教师都认为他们的授课内容、学生表现符合课程要求，并相信大部分学生都理解了所学，可以继续讲授新知识。通过密切合作，对学生的作业进行分类和讨论，教师能对下一步教学步骤和内容作出有意义的选择，从而帮助每名学生提高成绩。

阿萨纳西斯和阿钦斯坦强调：“教研员需要掌握各种评价工具和教学方式，以帮助新教师掌握同样的技巧”。他们主张向新教师提供一些经验，促进反思性对话，倾听他们的想法，并将他们的注意力转移到学生和他们自身的需求上：

尽管我们认为如果新教师没有接受指导，他们很可能掌握以上技巧，但我们不认为这种假设就一定成立。教研员对于新教师的指导可以有效地防止他们走弯路，帮助他们在从教生涯早期就开始关注个别学生的学习情况。

在一项随机对照实验中，专业学习性社群会议专注于将评价学习和教学相关联，乔纳森·苏泼伟茨测试了这么做的影响。如果教师将自己的教学选择和学生所学相结合，就能反思自己的教学方式，弄清楚学生理解了什么，并改变自己的教学方式，最终促进学生的学习。另外，根据学生成功的证据，教师如果相信学生，很有可能改变学生。

新教师可以有效利用这本书中提到的各种教学方法，从教学设计到课堂反馈条技巧等等。除此之外，他们也会从中得到一些总体指导：

1. 从最重要的部分开始：问题1，确保新教师掌握足够的知识教给学生；问题2，确保他们有一份课程计划；问题4，让他们明白怎样算取得进步。

2. 与新教师讨论每章中的例证，确保他们能够阐明基本的教学原则。

3. 讨论本书中的一些例子，并提供一些完整范例；根据他们所教学科，提供一些不完整的范例，与新教师一同探讨，确保他们应用教学原则的方式适合学科和班级。

4. 鼓励新教师通过以下方式练习如何使用教学计划：和你一起

做教学计划，排练讲课，解答学生的迷思概念。

5. 邀请新教师搜集教学计划产生影响的证据，最好是关于学习的纸质资料。

6. 确定学生在学习什么（没学习什么）：试着将这一点与另外两个方面联系起来，一是新教师如何教好课程；二是新教师如何努力将你的教学原则付诸实践。

7. 在他们成功运用应答式教学法的基础上，确定他们作出的一个小改变，让他们更好地将其应用到教学原则中。

8. 和新教师一起工作，改进教学方式。

9. 重复以上过程。

学科组长如何促进应答式教学的发展

实践证明，教学最好由学科组负责改进提升。有些事情需要在全校范围内解决，比如行为举止问题；有些问题最好由教师自己解决，比如课程计划。但是，学科组在教学方面的影响最大。当学校要整体改进时，各学科组成为改革的重心。不同学科的教师思考和互动的方式不同。在各个学科组中，教师之间相互交流经验，使整个学科组成为具有鲜明特色的“教学实践团体”。在各个学科小组中，往往有专业学习社群和改善教学的学科团队。那么各个学科小组如何改善教学呢？

学科组如何成为一个专业学习社群

教师面临的根本挑战是：教什么？如何教？对这些挑战作出应答的最好方法需要集体智慧，因为学科组可以共享一些必要的专业知识。教师可以仔细思考同事们分享的教学经验；参与到专业学习社群中，既能提升自身的专业知识，也能强化学生的学习。在学生成绩优秀的学科组中，往往表现出同僚性①、信任关系、教师学习、共同决策和协作文化的特征。因此，毫无疑问，

> 教育工作者支持和重视创建专业学习社群，并以此来改进教学实践和提升学生成绩，其效果可以在教师的共识中得以体现。

教师的集体智慧和经验不仅可以提高学生目前的学习成绩，从长远来看，也可以帮助教师提高教学水平，但怎样才能同时做到这两点呢？

专业学习的目的是什么

只有当我们知道自己想要什么，合作式的学习社群才有作用。学科组既能促进也能阻止改革的发生，因此，学科组长不仅需要培养同

① 即教师之间的关系。——译者注

僚性，还需要专注于核心目标，并一以贯之。许多研究表明，有效的专业学习社群具有一个显著的特征：“在这些学习社群中，教师会持续关注学生的学习和成绩……为了满足学生的学习需求，教师之间也会密切合作。”相反，“在一些学习社群中，教师虽然一起工作，但并没有参与一些结构化工作，也就是没有高度关注学生的学习，因此并没有太多有益的收获”。

针对专业学习社群的一项研究发现，它的优越性在于通过评价，可以将“教师的教学方法和学生的学习成果”关联起来，正如外部观察者发现的那样，这能“帮助教师反思他们的教学，深入了解学生对知识的理解程度”，并促进他们改进教学方法，也可以帮助学生取得进步，幅度虽小，却很显著。另一项研究对比了教师讨论教学和讨论学生作业的会议。在讨论教学时，教师们会滔滔不绝，但很少有批判性的讨论或见解；而在讨论学生作业时，教师们会

不断监测学生首要的、长期的学习目标，用来评价这些目标的资料以及学生相关表现之间的关联程度。

当教师的重心是学生的学习并共同为之努力时，各个学科组的教师就能高效合作。

将专业学习社群付诸实践

如何完美地做到这一点取决于一个学科组的教师、可利用资源（尤其是课程）和有效时间。时间永远是稀缺的，但学科组长可以要求同事牺牲个人的规划时间来共同计划，这样不仅能完成自己的教学计划，而且能做出更好的计划、共享知识和资源以及进行专业协作。以下三种方法将有助于实现这一目标。

合作讲解教学内容

学科团队可以更有效地解决一些基本问题。个别教师具有广博的学科知识和丰富的教学经验，但很难创建一个学习组织来有效地分享。学科组可以按照问题1的流程，通过讨论和表决为一个教学单元创建一个资源库，主要包括以下几个方面：

- 学习的核心知识
- 常见的迷思概念
- 用来传达重要知识的图片、原始资料和呈现方式
- 与其他专题内容的关联
- 排序和回顾学习内容的有效方法

这样，每个教师都可以分享他们的知识和经验，还能避免僵化地运用。他们可以灵活地运用由此产生的资源，以适应他们自己和他们的班级。

合作提高教学质量

这样做并不是迫使教师采用同样的方式教学，而是为了帮助他们反思当前教学实践中的优缺点，并批判地看待其他教学方法。要做到这一点，首先需要采用相同的评价方法。比如，如果一个年级中的所有学生都完成了一个相同的任务，那么他们答案的差异很大程度上取决于他们学到的内容和授课方式的差异。其次，教师需要时间共同反思，检查学生是如何答题的，并试图找出造成这种情况的原因。他们如何解释这个题目？他们如何分配时间？当陷入困境时，他们用什么作比喻来解释清楚？从提问开始（为什么有些学生回答得好，有些回答得不好？），教师不仅可以“分享课堂上发生的事情，还可以批判地反思教学过程”。如果教师能够将自己的方法与同事的方法进行对比，他们的反思就会更仔细、更有成效，也就更加愿意接受有效的做法。对比期末考试结果似乎可以鲜明地体现这一点，但往往不会特别有效，因为终结性评价或者模拟考试几乎不能揭示出学生的知识缺陷（见引言）。学生学不明白某个问题，原因可能多种多样。所以，我建议：

共同评价学生的一项作业。教师可以针对每个单元设计6张课堂反馈条（见问题4），或者给全体学生布置一项作业，作业要涵盖重要的知识点。共同分析课堂反馈条应该能引发有效的讨论，重点围绕学生所学内容，也要探讨产生此结果的不同教学方法。提示问题如下：

- 大多数学生在学习哪些内容时有困难？

- 大多数学生哪些知识点学得很好？
- 不同班级的学生答案有什么不同？

这个方法可以帮助教师专注于“数据代表的内容”，从而“反思教学方法，了解学生的理解程度”。

设计、使用并分析选择题

合作设计的选择题有很多作用。设计关键问题（见问题5）不仅耗时，而且要清楚了解学生的迷思概念是什么，学生如何理解这些问题。合作设计6个选择题可以减少工作量，教师也能互相分享他们掌握的迷思概念。这些问题可以作为关键问题在课堂上使用，或者当作课堂反馈条，用在学习中的某个阶段。随后进行的反思可能引发相似的讨论，效果类似于讨论课堂反馈条。同时，也可能据此修改、拓展问题，从而创造出无限的学习资源。

教师专业发展如何助力应答式教学发展

重视提高学生成绩的学校领导必须使用形成性评价。通过这种方式，不仅可以回顾过去的授课效果，保证学生不落后，还有利于未来发展，不断提升教师的教学技巧。

有教师认为，形成性评价是一种工具，可以用来实现各种教学效果，而这些也是学校领导想要实现的。比如，应答式教学能够提高教学质量，促进学生形成元认知，提高积极性，也能够帮助教师将认知科学应用到教学中。那么在全校范围内，教师专业发展应该如何给教师提供助力呢?

教学效果说明了什么

有效的专业发展意味着关注“想让教师作出哪些改变，或者改变他们工作中的哪些部分。另外，我们必须了解如何帮助教师作出改变”。前6个问题已经明确了在教学中要作出哪些改变，那么我们该如何帮助教师做到这一点?实践证明，有效的专业发展具有很多特征，包括持续时间、学科相关知识和学科知识。然而，这些特征并不突出，由于几乎所有教师专业发展的方法都具有这几个特征，所以效果受到限制。运用这些特征的教师发展项目很难取得成效。另外，他们颠倒了顺序：他们更关心如何帮助教师作出改变，而不是帮助教师改变什么。本书提出解决教师专业发展的三个方法，它们彼此相互关联，可能有所帮助。

满足每个教师的改革需求

我们要确定教师专业发展能够促进什么：它的作用不仅是促进应答式教学的发展，也能给教师提供具体的支持，帮助他们培养更强的应答能力。哈兰和金德（1997）认为，教师专业发展有助于将变革的9个先决条件结合起来，这9个条件分别属于三个层次，其重要性依次递增：

1. 资源、信息和意识。

2. 动机、情感投入和制度支持。

3. 知识、技能和价值观的一致性。

如果要采用一种新的教学方法，教师可能需要满足以上所有先决条件，但专业发展研讨会或项目的效果会因教师和学校不同而产生差异，主要取决于他们已经掌握的知识。例如，如果一名教师积极主动，得到了支持，也了解与应答式教学相关的例证，他可能需要很少的知识和技能就可以应用。一次研讨会可能给一名教师提供所需的知识和技能，也可能给另一名教师提供一些信息和意识，却不能产生引起变化的一致性价值观和改革愿望。因此，最重要的不是教师专业发展是否可持续，与是否由专家领导也无关，而是教师个人以及学校的需求是什么，以及如何设计教师专业发展，从而为他们提供支持。

提供见解和策略

促进教师专业发展的方法如果只是规定做什么，或者只是提供大量知识，似乎并不能影响教师的教学实践。如果能够提供一些策略，例如，举例说明解决问题的一系列方法，并支持教师运用这些方法；或是提出一些见解，教师就可能恍然大悟，改变自己的想法，这就有效得多。这两者可以相互结合，如果领悟之后采取行动，就需要新的策略。另外，改变教学方法可能产生新的见解。

运用行为主义心理学①

巴特·米勒……对他的几个学生深感失望，像罗比和肯特，他们上课经常迟到，并且只坐到最后一排，交头接耳，嬉笑打闹，严重扰乱了课堂秩序。

面对这样的情况，你会怎么做？巴特·米勒是这么做的：

他买了一个旧沙发，放在教室的最前面。很明显，能坐在沙发上是很酷的，可以坐在上边休息，而且很自在，不用坐在桌子旁了。为了“抢到一个好座位”，罗比和肯特每天很早就来到学校，并且自愿坐到教室前面。

我未必百分之百认同这种行为管理策略，但这个例子展示了行为主义心理学鼓励我们如何看待变化，也就是要关注人们的真实想法和行为，而不仅仅是想要他们怎么做。行为观察小组（2015）提出了四要素框架，这种方式有利于更好地看待改变。要求别人进行改变时，要遵循以下四个原则：

- **简单**：要求做出细微的、简单的改变。
- **吸引力**：让变化有吸引力。

① 研究人类的行为时，行为主义心理学提倡用客观的方法进行测量，从而推测和支配有机体的行为。——译者注

- **社交性**：同伴能产生很大的影响。
- **时效性**：要求人们在恰当的时间作出改变。

实践

全校教师专业发展的每个计划应该达到以下几点：

- 满足小组和教师个人的需求。
- 能够提供见解或策略，或者两者都提供。
- 使用行为主义心理学，鼓励作出改变。

组织培训

本书每章的结构就像一个培训环节，展示了一种应答式教学技巧，包括以下部分：

1. **设计问题**：将每节内容与教师的关注点和经验关联起来。

2. **提供支持性证据**：通过研究例证，证实你正在使用的策略的合理性。

3. **确定教学原则**。

4. **在教学实践中展示教学原则**：列举不同学科的例子。如果例子是学校任课教师的亲身经历，那么更有说服力；如果这些教师能够作为这节课的主讲，效果会更好。

5. **将教学原则应用于教学实践**：给教师时间运用他们学到的内容，为接下来的课程设计教学方法，并不断完善。

组织培训的目标是给教师确立原则，教师使之与他们的学科、班级和授课风格相适应；同时提供一些例子，也就是将教学原则应用到教学实践中，并提供一些实践理念。

这个方法符合上文提到的诸多标准，能够实现有效的专业化发展和行为改变。特点包括：

- **简单**：有助于教师采纳观点。
- **吸引力**：这种方式能证明其价值，能够与教师关心的问题联系起来。
- **社交性**：提供了教学案例，证明改变的可能。

然而，这样的研讨会只能解决一部分问题。教师要作出改变，就要持续地了解重点概念，并且不断在教学中应用这些知识，从而形成习惯，研讨会无法提供这种支持。虽然教师通过研讨会可以进行合作式学习，但关键在于演示者的专业知识。仅依靠一次研讨会不能帮助教师养成习惯，需要教师在实践中不断改变原有习惯。虽然上述做法可能有助于教师了解重点内容，但这只是个开始。下面两种教学组织可以实现持续性变革。

教师学习小组　迪伦・威廉（2007）一直主张教师学习小组是促进教师教学实践变革的机制。他指出了渐进式变革的价值、灵活性、选择性、责任以及获得的支持。他和西沃恩・莱西（2014）认为，一个典型的教师学习小组可能包括：

1. **导言**：议程和目标。
2. **预热活动**：引导教师集中学习的活动。

3. **反馈**：每位教师汇报上次会议中承诺实现的改革。

4. **学习新的内容**：阅读、检查案例或讨论一种教学方法。

5. **个人行动计划**：教师计划下个月的目标，以实现或完善一种改革。

6. **总结**：目标实现了吗？

这与上面组织培训的结构有些类似，但二者存在两点重要的差异。行动计划要求教师致力于作出具体的改变；展示他们行动计划的成果并接受反馈，能够鼓励教师实现他们的承诺。同时，也提供一些新例子帮助教师更好地理解教学原则。

从功能上讲，教师学习小组简单易行。整个学校都可以采用这种形式。比如，只要学科组长分配时间就可以开展，教师也可以建立一个这样的小组，将一些有同样想法的同事组织在一起。专家建议每个月开一次会，这样教师可以在两次会议的间隔期间尝试新的教学方法。如果教师有时间，可以将开会的间隔时间缩短，这样能更快地运用新的教学方法。最短一个学期针对一个教学原则进行操练，似乎能起到作用，因为教师有时间去理解如何应用，并完善自己的方法。然而，因为教师感觉自己一直在尝试新的东西，所以最好采用不同的方法和呈现方式，以理解核心概念。比如，采用举例说明、文本分析和一些独特的方式，使"旧的"内容保持新鲜，并且让教师有可能以新的视角切入，从而改进他们的方法。

教师学习小组能够与行为变化的四要素框架很好地匹配：

- **简单**：教师在两次会议间隔期只尝试一种改变。

- **吸引力：**改变的呈现方式和同事的经验可以体现改变的益处。
- **社交性：**以小组的形式开会，并报告改变发生的状况，会让教师努力实现自己的承诺。
- **时效性：**一般一个月正好适合教师进行试验，也不会让他们偏离教学重心。

教学督导　教学督导又称杠杆式督导，是由非凡学校[①]开创的一种高强度的教学方式，可以帮助教师更好地教学。这种模式可以快速提供反馈和支持，促进变革。督导每周一次随机进入课堂听课20分钟。同一周内用20分钟来提供反馈，并操练如何改革课程计划或教学方法。通过实验测试教学模式，表明教学督导可以迅速而显著地改善教学效果。

| 听课

在听课的过程中，督导尽力发现能够带来最大影响的某种改革方法，即能够最显著提高教学效果的变化。例如，课堂反馈条设计得再好，也没有一个更清晰的学习目标所起到的作用大，因为好的课堂反馈条依赖于清晰的教学目标。本书中教学原则的顺序构成了改革的逻辑层次。督导把将要进行的改革分解成一个具体行动，在一周内就可以实现。随后，督导据此组织反馈会议。

① 美国的非营利特许公立学校，为低收入家庭创设，目前旗下共有五十余所学校。——译者注

反馈

1）表扬　督导只关注一个具体的方面（理想情况下，会关注教师介绍最后采取行动的步骤），并让教师反思自己的成功之处：

我们赞成你让学生找出标准答案的优缺点，也很高兴你采用这种方式，那么这种方式有什么影响呢？

2）探究　督导想让教师清楚思考并确定下一步教学的合理性。首先，他们会问这一阶段的课程目标，然后确定教学的实际效果与教学目标之间的差距。据此，督导或教师就会提出改革方案，以更好地实现教学目标。督导可能会提出以下问题和建议：

- 讨论不同论据的目的是什么？
- 这种方式对于实现这个目标有多大帮助？
- 在获取学生理解状况的过程中遇到了什么阻碍？
- 我看得出你想弄清楚学生们理解了什么，但我不确定这些证据是否有用。
- 我想知道学生在回答之前是否需要更多时间思考，思考答案时可能需要一个提示框架。

3）教学步骤　督导和教师都一致同意的步骤。

如果问题复杂，可以给学生至少15秒的思考时间。

4）计划和练习　督导会和教师一起练习改革后的教学方式，让他们做好准备。

在教学计划方面作出改变，督导和教师可能一起设计；在课堂教学方面，教师会进行练习。督导可能这样提问：

你能想出一个下节课中要问的问题吗？当你准备好了要问什么，我希望你向学生提出来，停顿一会儿再点名让学生回答。

督导可以帮助教师适应教学步骤，解决可能遇到的问题。

好的，这次我就是一个没有耐心的学生，因为我已经有了答案……

5）复习　督导和教师要简要回顾讨论过的内容，并保证下周再一起确定下一步方案。

下一次听课（下周）：决定是讲授新的内容还是复习旧的内容。

在下一次听课过程中，可能出现以下几种情况：

1. 督导看到了预期的改变，并确定了新的行动步骤。

2. 督导没有看到预期的改变。他们就会反思教学步骤，确定为什么没有改变，并寻找方法，为教师提供进一步的支持。

3. 督导没有看到预期的教学步骤，因为没有机会使用。比如，如果教学步骤与讨论的内容相关，但听的是练习课，无法进行讨论。

杠杆式督导符合行为改变的四要素框架：

- **简单**：这种方式要求教师尝试一种简单的、可操作的改变方式；在反馈会议上他们会得到支持，将改变后的教学方式成功地运用到教学实践中。
- **吸引力**：在“探究”期间进行讨论时，强调了教学步骤需要达到的要求，听课负面作用小，只专注于发现某一方面的效果。
- **社交性**：向督导作出承诺，督导也会作出回应。

- **时效性**：在听课当天就要给予反馈，这样在一周之内再次听课就能激励教师快速采取行动。

高层领导如何保证应答式教学发挥作用

学校高层领导可以培训教研员，指导学科组长，并给教师提供个性化辅导。本章中讲到的所有指导方法都有可能运用，从而在学校中发展应答式教学。最重要的是，学校高层领导可以在学校里创造条件，使应答式教学操作起来更容易、更轻松。

学校高层领导和学校文化对学生的学习成果会产生显著的影响。一项元分析[①]比较了启发和激励教师的变革型领导和为有效教学创造条件的教学型领导，发现在提升学生的学习效果方面后者的作用几乎是前者的四倍。教学型领导采用以下方式促进学习，包括确立教学目标和预期，提供战略资源，规划、协调和评价教学，促进教师专业发展以及营造平静有序的环境。在这些优先事项中，教师专业发展的影响最大。一项关于美国校长如何有效利用时间的分析发现，对教师进行培训、评价以及开发教育项目能带来最好的效果。而一项关于学校环境的研究表明，如果学校的环境是有序的、合作式的，教师可以快速地取得进步。改变教学方式需要使许多影响因素共同发挥作用，而高层领导在其中扮演着重要角色，包括他们聘用哪些教师，如何评价

① 元分析是一种统计方法，可以整合多种研究结果，是回顾文献的新方法。——译者注

和发展专业能力。学校领导要发挥他们的重要作用，为教师创造条件，使他们能够以多种方式进行应答式教学。

保证时间

以下几种方式可以帮助教师、教研员和学科小组保证时间，专注于提升教学：

- 规划和保证教师专业发展研讨时间，并且为学科团队和学科小组保证时间，以便一起计划、听课和评价。
- 淡化次要工作，甚至鼓励教师停止这些工作，允许、鼓励教师腾出时间提高教学质量。
- 确定优先顺序：预留时间，参观课堂，讨论教学。

保证时间也意味着允许教师利用预留时间，并为教师提供支持。例如，如果教师想减少作业批改，学校高层领导可能需要向家长解释学校鼓励教师做出选择，并说明教师这么做的原因。

创造连贯性

许多学校政策阻碍应答式教学的有效作用。比如：

- 终结性评价过于频繁，挤占形成性评价的时间；教师和学生关注表现，而非学习。
- 告诉学生成绩时，只强调表现，而非取得的进步。
- 以规定的格式分享学习目标收效甚微。

- 批改作业的规定会降低反馈的有效性。

以上相关章节会有助于修订学校的政策，但还有一个根本问题，就是如何确保学校在关键问题上保持一致：

- 将应答式教学作为学校发展规划和教师专业发展的当务之急。
- 对应答式教学的主要特点达成共识，并统一表述。
- 让学校的政策与达成的共识及其表述保持一致，保证写评语、评价以及教学等方法相辅相成。
- 确保教师有支持他们教学的资源（例如精心设计的教材和形成性评价题库）。
- 限制使用终结性评价，因为它会完全吸引学生、教师和家长的注意力（见引言）。

为了实现应答式教学，教师做的事情要与学校对评价、规划和专业化发展的期望保持一致。如果没有达成一致，教师无法既满足学校的要求，又完成教学改革。

既要考虑学科，又要考虑不同教学阶段的特征

虽然应答式教学的共识及其政策的连贯性很重要，但只有与学科完全契合时，应答式教学才能起到作用。学校领导可以从以下几个方面给予支持：

- 把政策的重点放在教学原则上，只要他们忠实于这些原则，可以鼓励各个学科组根据需求，灵活地调整教学实践。

- 强调在学校的政策中可以调整的部分。
- 确保在同一学科或教学阶段中，教师能够进行培训和指导。

清除障碍

保证时间和达成一致意味着清除障碍，但仍然有必要再次强调其重要性。因为在改进教学的过程中，会遇到许多实践障碍和心理障碍。压力、其他要事以及学校的政策都会分散教师的注意力，导致教师不能把时间用在最重要的事情上，因此，学校领导要清除这些障碍。一种方法是询问教师，可以是匿名的，了解是什么阻碍了教学方法的改进。更具体一点，可以问教师，为了解决本书中探讨的特定问题，他们遇到了哪些障碍，比如："是什么原因导致学生没能明白怎么算学好这门课程？"

创建一致性

教师也需要与应答式教学目标保持一致。在面试中，校长可以通过以下方式招聘应答式教师：

- 提问问题时，主要检测应聘者对本书中重点问题的回答。
- 让应聘者在面试中反思他们解决问题的办法。
- 要求应聘者在面试中对学生的学习状况作出回应。

RESPONSIVE TEACHING

结 语

在很长一段时间里，我的授课效果都不尽如人意。有时竭尽全力仍然效果不佳，有时努力了却没有对症下药。当我能够更好地驾驭应答式教学时，就开始为之着迷。我发现，如果我能以问题为导向开展教学，就能帮助我的学生学好课程。通过写这本书，我发现了认知科学和形成性评价的巨大潜力，它们作为应答式教学的特点，能有效提升教学质量。我希望书中的观点能帮助你运用应答式教学方法，建立起互动式、启发式与探究式的课堂文化，帮助你的学生取得更好的成绩。

“常青藤”书系——中青文教师用书总目录

	书名	书号	定价
	特别推荐——从优秀到卓越系列		
★	从优秀教师到卓越教师：极具影响力的日常教学策略	9787515312378	33.80
★	从优秀教学到卓越教学：让学生专注学习的最实用教学指南	9787515324227	39.90
★	从优秀学校到卓越学校：他们的校长在哪些方面做得更好	9787515325637	59.90
★	卓越课堂管理（中国教育新闻网2015年度“影响教师的100本书”）	9787515331362	88.00
	名师新经典/教育名著		
	最难的问题不在考试中：先别教答案，带学生自己找到想问的事	9787515365930	48.00
	在芬兰中小学课堂观摩研修的365日	9787515363608	49.00
★	马文·柯林斯的教育之道：通往卓越教育的路径（《中国教育报》2019年度“教师喜爱的100本书”，中国教育新闻网2019年度“影响教师的100本书”。朱永新作序，李希贵力荐）	9787515355122	49.80
★	如何当好一名学校中层：快速提升中层能力、成就优秀学校的31个高效策略	9787515346519	49.00
★	像冠军一样教学（全新修订版）：提升学生认知、习惯、专注力和归属感的63个教学诀窍	9787515373287	79.90
	像冠军一样教学 2：引领教师掌握62个教学诀窍的实操手册与教学资源	9787515352022	68.00
★	如何成为高效能教师	9787515301747	89.00
★	给教师的101条建议（第三版）（《中国教育报》“最佳图书”奖）	9787515342665	49.00
★	改善学生课堂表现的50个方法：小技巧获得大改变（中国教育新闻网2010年度“影响教师的100本书”）	9787500693536	33.00
	改善学生课堂表现的50个方法操作指南：小技巧获得大改变	9787515334783	39.00
	美国中小学世界历史读本 / 世界地理读本 / 艺术史读本	9787515317397等	106.00
	美国语文读本（1~6册）	9787515314624等	252.70
	和优秀教师一起读苏霍姆林斯基	9787500698401	27.00
	快速破解60个日常教学难题	9787515339320	39.90
★	美国最好的中学是怎样的——让孩子成为学习高手的乐园	9787515344713	28.00
	建立以学习共同体为导向的师生关系：让教育的复杂问题变得简单	9787515353449	33.80
	教师成长/专业素养		
	如何爱上教学：给倦怠期教师的建议	9787515373607	49.90
	如何促进教师发展与评价：一套精准提高教师专业成长的马扎诺实操系统	9787515366913	59.90
	人工智能如何影响教学：从作业设计、个性化学习到创新评价方法	9787515370125	49.00
	项目式学习标准：经过验证的、严谨的、行之有效的课堂教学	9787515371252	49.90
	自适应学习与合作学习:如何在学校课程体系中实现学生的深度学习	9787515371276	49.90
	教师生存指南：即查即用的课堂策略、教学工具和课程活动	9787515370521	79.00
	如何管理课堂行为	9787515370941	49.90
	连接课：与中小学学科课程并重的一门课	9787515370613	49.90
	专业学习共同体：如何提高学生成绩	9787515370149	49.90
	更好的沟通：如何通过训练变得更可信、更体贴、更有人脉	9787515372440	59.90
	教师生存指南：即查即用的课堂策略、教学工具和课程活动	9787515370521	79.00
	如何更积极地教学	9787515369594	49.00
	教师的专业成长与评价性思考：专业主义如何影响和改变教育	9787515369143	49.90
	精益教育与可见的学习：如何用更精简的教学实现更好的学习成果	9787515368672	59.00
	教学这件事：感动几代人的教师专业成长指南	9787515367910	49.00
	如何更快地变得更好：新教师90天培训计划	9787515365824	59.90
	让每个孩子都发光：赋能学生成长、促进教师发展的KIPP学校教育模式	9787515366852	59.00
	60秒教师专业发展指南：给教师的239个持续成长建议	9787515366739	59.90
	通过积极的师生关系提升学生成绩：给教师的行动清单	9787515356877	49.00
	卓越教师工具包：帮你顺利度过从教的前5年	9787515361345	49.00
★	可见的学习与深度学习：最大化学生的技能、意志力和兴奋感	9787515361116	45.00
	学生教给我的17件重要的事：带给你爱、勇气、坚持与创意的人生课堂	9787515361208	39.80
★	教师如何持续学习与精进	9787515361109	39.00
	从实习教师到优秀教师	9787515358673	39.90
	像领袖一样教学：改变学生命运，使学生变得更好（中国教育新闻网2015年度“影响教师的100本书”）	9787515355375	49.00

	书名	书号	定价
★	你的第一年：新教师如何生存和发展	9787515351599	33.80
	教师精力管理：让教师高效教学，学生自主学习	9787515349169	39.90
	如何使学生成为优秀的思考者和学习者：哈佛大学教育学院课堂思考解决方案	9787515348155	49.90
	反思性教学：一个已被证明能让教师做到更好的培训项目（30周年纪念版）	9787515347837	59.90
★	凭什么让学生服你：极具影响力的日常教育策略（中国教育新闻网2017年度“影响教师的100本书”）	9787515347554	39.90
	运用积极心理学提高学生成绩（中国教育新闻网2017年度“影响教师的100本书”）	9787515345680	59.90
	可见的学习与思维教学（教学资源版）：成长型思维教学的54个教学资源	9787515354743	36.00
★	可见的学习与思维教学：让教学对学生可见，让学习对教师可见（中国教育报2017年度“教师喜爱的100本书”）	9787515345000	39.90
	教学是一段旅程：成长为卓越教师你一定要知道的事	9787515344478	39.00
	安奈特・布鲁肖写给教师的101首诗	9787515340982	35.00
	万人迷老师养成宝典学习指南	9787515340784	28.00
	中小学教师职业道德培训手册：师德的定义、养成与评估	9787515340777	32.00
	成为顶尖教师的10项修炼（中国教育新闻网2015年度“影响教师的100本书”）	9787515334066	49.90
★	T. E. T. 教师效能训练：一个已被证明能让所有年龄学生做到最好的培训项目（30周年纪念版）（中国教育新闻网2015年度“影响教师的100本书”）	9787515332284	49.00
	教学需要打破常规：全世界最受欢迎的创意教学法（中国教育新闻网2015年度“影响教师的100本书”）	9787515331591	45.00
	给幼儿教师的100个创意：幼儿园班级设计与管理	9787515330310	39.90
	给小学教师的100个创意：发展思维能力	9787515327402	29.00
	给中学教师的100个创意： 如何激发学生的天赋和特长／杰出的教学／快速改善学生课堂表现	9787515330723等	87.90
	以学生为中心的翻转教学11法	9787515328386	29.00
	如何使教师保持职业激情	9787515305868	29.00
★	如何培训高效能教师：来自全美权威教师培训项目的建议	9787515324685	39.90
	良好教学效果的12试金石：每天都需要专注的事情清单	9787515326283	29.90
★	让每个学生主动参与学习的37个技巧	9787515320526	45.00
	给教师的40堂培训课：教师学习与发展的最佳实操手册	9787515352787	39.90
	提高学生学习效率的9种教学方法	9787515310954	27.80
★	优秀教师的课堂艺术：唤醒快乐积极的教学技能手册	9787515342719	26.00
★	万人迷老师养成宝典（第2版）（中国教育新闻网2010年度“影响教师的100本书”）	9787515342702	39.00
	课堂教学/课堂管理		
★	如何成为一名反思型教师	9787515372754	59.90
	设计有效的教学评价与评分系统	9787515372488	49.90
	卓有成效的课堂管理	9787515372464	49.90
	如何在课堂上使用反馈和评价	9787515371719	49.90
	跨学科阅读技能训练：让学生学会通过阅读而学习	9787515372105	49.90
★	老师怎么做，学生才会听：给教师的学生行为管理指南	9787515370811	59.90
	精通式学习法：基于提高学生能力的学习方法	9787515370606	49.90
	好的教学是设计出来的：一套详细、先进、实用的卓越课堂设计和实施方案	9787515370705	49.00
	翻转课堂与差异化教学：以学生为中心的课内翻转教学法	9787515370590	49.00
	精益备课法：在课堂上少做多得的实用方法	9787515370088	49.00
	记忆教学法：利用记忆在课堂上建立深入和持久的学习	9787515370095	49.00
	动机教学法：利用学习动机科学来提高课堂上的注意力和努力	9787515370101	49.00
	目标教学法	9787515372952	49.90
★	课堂上的提问逻辑：更深度、更系统地促进学生的学习与思考	9787515369983	49.90
	可见的教学影响力：系统地执行可见的学习5D深度教学	9787515369624	59.00
	极简课堂管理法：给教师的18个精进课堂管理的建议	9787515369600	49.00
★	像行为管理大师一样管理你的课堂：给教师的课堂行为管理解决方案	9787515368108	59.00
	差异化教学与个性化教学：未来多元课堂的智慧教学解决方案	9787515367095	49.90
	如何设计线上教学细节：快速提升线上课程在线率和课堂学习参与度	9787515365886	49.00
	设计型学习法：教学与学习的重新构想	9787515366982	59.00
	让学习真正在课堂上发生：基于学习状态、高度参与、课堂生态的深度教学	9787515366975	49.00

	书名	书号	定价
	让教师变得更好的75个方法：用更少的压力获得更快的成功	9787515365831	49.00
	技术如何改变教学：使用课堂技术创造令人兴奋的学习体验，并让学生对学习记忆深刻	9787515366661	49.00
	课堂上的问题形成技术：老师怎样做，学生才会提出好的问题	9787515366401	45.00
	翻转课堂与项目式学习	9787515365817	45.00
★	优秀教师一定要知道的19件事：回答教师核心素养问题，解读为什么要向优秀者看齐	9787515366630	39.00
	从作业设计开始的30个创意教学法：运用互动反馈循环实现深度学习	9787515366364	59.00
	基于课堂中精准理解的教学设计	9787515365909	49.00
	如何创建培养自主学习者的课堂管理系统	9787515365879	49.00
	如何设计深度学习的课堂：引导学生学习的176个教学工具	9787515366715	49.90
	如何提高课堂创意与参与度：每个教师都可以使用的178个教学工具	9787515365763	49.90
	如何激活学生思维：激励学生学习与思考的187个教学工具	9787515365770	49.90
	男孩不难教：男孩学业、态度、行为问题的新解决方案	9787515364827	49.00
★	高度参与的线上线下融合式教学设计：极具影响力的备课、上课、练习、评价项目教学法	9787515364438	49.00
★	跨学科项目式教学：通过“+1”教学法进行计划、管理和评估	9787515361086	49.00
	课堂上最重要的56件事	9787515360775	35.00
★	全脑教学与游戏教学法	9787515360690	39.00
★	深度教学：运用苏格拉底式提问法有效开展备课设计和课堂教学	9787515360591	49.90
★	一看就会的课堂设计：三个步骤快速构建完整的课堂管理体系	9787515360584	39.90
	如何有效激发学生学习兴趣	9787515360577	38.00
	如何解决课堂上最关键的9个问题	9787515360195	49.00
	多元智能教学法：挖掘每一个学生的最大潜能	9787515359885	39.90
★	探究式教学：让学生学会思考的四个步骤	9787515359496	39.00
	课堂提问的技术与艺术	9787515358925	49.00
	如何在课堂上实现卓越的教与学	9787515358321	49.00
	基于学习风格的差异化教学	9787515358437	39.90
★	如何在课堂上提问：好问题胜过好答案	9787515358253	39.00
★	高度参与的课堂：提高学生专注力的沉浸式教学	9787515357522	39.90
	让学习变得有趣	9787515357782	39.00
★	如何利用学校网络进行项目式学习和个性化学习	9787515357591	39.90
	基于问题导向的互动式、启发式与探究式课堂教学法	9787515356792	49.00
	如何在课堂中使用讨论：引导学生讨论式学习的60种课堂活动	9787515357027	38.00
	如何在课堂中使用差异化教学	9787515357010	39.90
★	如何在课堂中培养成长型思维	9787515356754	39.90
	每一位教师都是领导者：重新定义教学领导力	9787515356518	39.90
★	教室里的1-2-3魔法教学：美国广泛使用的从学前到八年级的有效课堂纪律管理	9787515355986	39.90
	如何在课堂中使用布卢姆教育目标分类法	9787515355658	39.00
	如何在课堂上使用学习评估	9787515355597	39.00
	7天建立行之有效的课堂管理系统：以学生为中心的分层式正面管教	9787515355269	29.90
	积极课堂：如何更好地解决课堂纪律与学生的冲突	9787515354590	38.00
	设计智慧课堂：培养学生一生受用的学习习惯与思维方式	9787515352770	39.00
	追求学习结果的88个经典教学设计：轻松打造学生积极参与的互动课堂	9787515353524	39.00
	从备课开始的100个课堂活动设计：创造积极课堂环境和学习乐趣的教师工具包	9787515353432	33.80
	老师怎么教，学生才能记得住	9787515353067	48.00
	多维互动式课堂管理：50个行之有效的方法助你事半功倍	9787515353395	39.80
	智能课堂设计清单：帮助教师建立一套规范程序和做事方法	9787515352985	49.90
	提升学生小组合作学习的56个策略：让学生变得专注、自信、会学习	9787515352954	29.90
	快速处理学生行为问题的52个方法：让学生变得自律、专注、爱学习	9787515352428	39.00
	王牌教学法：罗恩·克拉克学校的创意课堂	9787515352145	39.80
	让学生快速融入课堂的88个趣味游戏：让上课变得新颖、紧凑、有成效	9787515351889	39.00
★	如何调动与激励学生：唤醒每个内在学习者（李希贵校长推荐全校教师研读）	9787515350448	39.80
	合作学习技能35课：培养学生的协作能力和未来竞争力	9787515340524	59.00
	基于课程标准的STEM教学设计：有趣有料有效的STEM跨学科培养教学方案	9787515349879	68.00
	如何设计教学细节：好课堂是设计出来的	9787515349152	39.00

	书名	书号	定价
	15秒课堂管理法：让上课变得有料、有趣、有秩序	9787515348490	49.00
	混合式教学：技术工具辅助教学实操手册	9787515347073	39.80
	从备课开始的50个创意教学法	9787515346618	39.00
	给小学教师的100个简单的科学实验创意	9787515342481	39.00
	老师如何提问，学生才会思考	9787515341217	49.00
	教师如何提高学生小组合作学习效率	9787515340340	39.00
	卓越教师的200条教学策略	9787515340401	49.90
	中小学生执行力训练手册：教出高效、专注、有自信的学生	9787515335384	49.90
	从课堂开始的创客教育：培养每一位学生的创造能力	9787515342047	33.00
	提高学生学习专注力的8个方法：打造深度学习课堂	9787515333557	35.00
	改善学生学习态度的58个建议	9787515324067	36.00
★	全脑教学（中国教育新闻网2015年度“影响教师的100本书”）	9787515323169	38.00
★	全脑教学与成长型思维教学：提高学生学习力的92个课堂游戏	9787515349466	39.00
★	哈佛大学教育学院思维训练课：让学生学会思考的20个方法	9787515325101	59.90
	完美结束一堂课的35个好创意	9787515325163	28.00
	如何更好地教学：优秀教师一定要知道的事	9787515324609	49.90
	带着目的教与学	9787515323978	39.90
★	美国中小学生社会技能课程与活动（学前阶段/1~3年级/4~6年级/7~12年级）	9787515322537等	215.70
	彻底走出教学误区：开启轻松智能课堂管理的45个方法	9787515322285	28.00
	破解问题学生的行为密码：如何教好焦虑、逆反、孤僻、暴躁、早熟的学生	9787515322292	36.00
	13个教学难题解决手册	9787515320502	28.00
★	让学生爱上学习的165个课堂游戏	9787515319032	59.00
	美国学生游戏与素质训练手册：培养孩子合作、自尊、沟通、情商的103种教育游戏	9787515325156	49.00
	老师怎么说，学生才会听	9787515312057	39.00
	快乐教学：如何让学生积极与你互动（中国教育新闻网2010年度“影响教师的100本书”）	9787500696087	29.00
★	老师怎么教，学生才会提问	9787515317410	29.00
★	快速改善课堂纪律的75个方法	9787515313665	39.90
★	教学可以很简单：高效能教师轻松教学7法	9787515314457	39.00
★	好老师可以避免的20个课堂错误（中国教育新闻网2010年度“影响教师的100本书”）	9787500688785	39.90
★	好老师应对课堂挑战的25个方法（《给教师的101条建议》作者新书）	9787500699378	25.00
★	好老师激励后进生的21个课堂技巧	9787515311838	39.80
★	开始和结束一堂课的50个好创意	9787515312071	29.80
	好老师因材施教的12个方法（美国著名教师伊莉莎白“好老师”三部曲）	9787500694847	22.00
★	如何打造高效能课堂	9787500680666	29.00
	合理有据的教师评价：课堂评估衡量学生进步	9787515330815	29.00
	班主任工作/德育		
	30年班主任，我没干够（《凭什么让学生服你》姊妹篇）	9787515370569	59.00
★	北京四中8班的教育奇迹	9787515321608	36.00
★	师德教育培训手册	9787515326627	29.80
★	好老师征服后进生的14堂课（美国著名教师伊莉莎白“好老师”三部曲）	9787500693819	39.90
	优秀班主任的50条建议：师德教育感动读本（《中国教育报》专题推荐）	9787515305752	23.00
	学校管理/校长领导力		
	改造一所学校的设计新方案	9787515373737	69.90
★	哈佛大学教育学院学校创新管理课	9787515369389	59.90
	如何构建积极型学校	9787515368818	49.90
	卓越课堂的50个关键问题	9787515366678	39.00
	如何培育卓越教师：给学校管理者的行动清单	9787515357034	39.00
★	学校管理最重要的48件事	9787515361055	39.80
	重新设计学习和教学空间：设计利于活动、游戏、学习、创造的学习环境	9787515360447	49.90
	重新设计一所好学校：简单、合理、多样化地解构和重塑现有学习空间和学校环境	9787515356129	49.00
	学校管理者平衡时间和精力的21个方法	9787515349886	29.90
	校长引导中层和教师思考的50个问题	9787515349176	29.00
	如何定义、评估和改变学校文化	9787515340371	49.90

书名	书号	定价
优秀校长一定要做的18件事（中国教育新闻网2009年度“影响教师的100本书”）	9787515342733	39.90
学科教学/教科研		
精读三国演义20讲：读写与思辨能力提升之道	9787515369785	59.90
中学古文观止50讲：文言文阅读能力提升之道	9787515366555	59.90
完美英语备课法：用更短时间和更少材料让学生高度参与的100个课堂游戏	9787515366524	49.00
人大附中整本书阅读取胜之道：让阅读与作文双赢	9787515364636	59.90
北京四中语文课：千古文章	9787515360973	59.00
北京四中语文课：亲近经典	9787515360980	59.00
从备课开始的56个英语创意教学：快速从小白老师到名师高手	9787515359878	49.90
美国学生写作技能训练	9787515355979	39.90
《道德经》妙解、导读与分享（诵读版）	9787515351407	49.00
京沪穗江浙名校名师联手教你：如何写好中考作文	9787515356570	49.90
京沪穗江浙名校名师联手授课：如何写好高考作文	9787515356686	49.80
★ 人大附中中考作文取胜之道	9787515345567	59.90
★ 人大附中高考作文取胜之道	9787515320694	49.90
★ 人大附中学生这样学语文：走近经典名著	9787515328959	49.90
四界语文（《中国教育报》2017年度“教师喜爱的100本书”）	9787515348483	49.00
让小学一年级孩子爱上阅读的40个方法	9787515307589	39.90
让学生爱上数学的48个游戏	9787515326207	26.00
轻松100 课教会孩子阅读英文	9787515338781	88.00
情商教育/心理咨询		
如何防止校园霸凌：帮助孩子自信、有韧性和坚强成长的实用工具	9787515370156	59.90
连接课：与中小学学科课程并重的一门课	9787515370613	49.90
给大人的关于儿童青少年情绪与行为问题的应对指南	9787515366418	89.90
教师焦点解决方案：运用焦点解决方案管理学生情绪与行为	9787515369471	49.90
9节课，教你读懂孩子：妙解亲子教育、青春期教育、隔代教育难题	9787515351056	39.80
★ 学生版盖洛普优势识别器（独一无二的优势测量工具）	9787515350387	169.00
与孩子好好说话（获“美国国家育儿出版物（NAPPA）金奖”）	9787515350370	39.80
中小学心理教师的10项修炼	9787515309347	36.00
★ 别和青春期的孩子较劲（增订版）（中国教育新闻网2009年度“影响教师的100本书”）	9787515343075	39.90
★ 100条让孩子胜出的社交规则	9787515327648	28.00
守护孩子安全一定要知道的17个方法	9787515326405	32.00
幼儿园/学前教育		
幼儿园室内区域活动书：107个有趣的学习游戏活动	9787515369778	59.90
幼儿园户外区域活动书：106个有趣的学习游戏活动	9787515369761	59.90
中挪学前教育合作式学习：经验·对话·反思	9787515364858	79.00
幼小衔接听读能力课	9787515364643	33.00
用蒙台梭利教育法开启0～6岁男孩潜能	9787515361222	45.00
德国幼儿的自我表达课：不是孩子爱闹情绪，是她/他想说却不会说	9787515359458	59.00
德国幼儿教育成功的秘密：近距离体验德国学前教育理念与幼儿园日常活动安排	9787515359465	49.80
美国儿童自然拼读启蒙课：至关重要的早期阅读训练系统	9787515351933	49.80
幼儿园30个大主题活动精选：让工作更轻松的整合技巧	9787515339627	39.80
★ 美国幼儿教育活动大百科：儿童学习与发展指南用书 科学 / 艺术 / 健康与语言 / 社会	9787515324265等	600.00
蒙台梭利儿童教育手册：3~6岁儿童学习与发展指南（实践版）	9787515307664	33.00
★ 自由地学习：华德福的幼儿园教育	9787515328300	49.90
教育主张/教育视野		
为问题提出而教：支持学生从问题走向问题解决的学习模型	9787515372716	59.90
重新定义教育：为核心素养而教，为生存能力而学（中国教育新闻网2023年度“影响教师的100本书”）	9787515369945	59.90
重新定义学习：如何设计未来学校与引领未来学习	9787515367484	49.90
教育新思维：帮助孩子达成目标的实战教学法	9787515365848	49.00
用心学习：教育大师托尼·瓦格纳的学习之道（中国教育新闻网2023年度“影响教师的100本书”）	9787515366685	59.90

	书名	书号	定价
	为什么学生不喜欢上学？：认知心理学家解开大脑学习的运作结构，如何更有效地学习与思考（中国教育新闻网2023年度“影响教师的100本书”）	9787515367088	59.90
★	教学是如何发生的：关于教学与教师效能的开创性研究及其实践意义	9787515370323	59.90
★	学习是如何发生的：教育心理学中的开创性研究及其实践意义	9787515366531	59.90
	父母不应该错过的犹太人育儿法	9787515365688	59.00
	如何在线教学：教师在智能教育新形态下的生存与发展	9787515365855	49.00
	正向养育：黑幼龙的慢养哲学	9787515365671	39.90
	颠覆教育的人：蒙台梭利传	9787515365572	59.90
	如何科学地帮助孩子学习：每个父母都应知道的77项教育知识	9787515368092	59.00
	学习的科学：每位教师都应知道的99项教育研究成果（升级版）	9787515368078	59.90
	学习的科学：每位教师都应知道的77项教育研究成果	9787515364094	59.00
	真实性学习：如何设计体验式、情境式、主动式的学习课堂	9787515363769	49.00
	哈佛前1%的秘密（俞敏洪、成甲、姚梅林、张梅玲推荐）	9787515363349	59.90
	基于七个习惯的自我领导力教育设计：让学校育人更有道，让学生自育更有根	9787515362809	69.00
	终身学习：让学生在未来拥有不可替代的决胜力	9787515360560	49.90
	颠覆性思维：为什么我们的阅读方式很重要	9787515360393	39.90
	如何教学生阅读与思考：每位教师都需要的阅读训练手册	9787515359472	39.00
	成长型教师：如何持续提升教师成长力、影响力与教育力	9787515368689	48.00
	教出阅读力	9787515352800	39.90
	为学生赋能：当学生自己掌控学习时，会发生什么	9787515352848	33.00
★	如何用设计思维创意教学：风靡全球的创造力培养方法	9787515352367	39.80
	如何发现孩子：实践蒙台梭利解放天性的趣味游戏	9787515325750	32.00
	如何学习：用更短的时间达到更佳效果和更好成绩	9787515349084	49.00
	教师和家长共同培养卓越学生的10个策略	9787515331355	27.00
★	如何阅读：一个已被证实的低投入高回报的学习方法	9787515346847	39.00
★	芬兰教育全球第一的秘密（钻石版）（《中国教育报》等主流媒体专题推荐）	9787515359922	59.00
	培养终身学习能力和习惯的芬兰教育：成就每一个学生，拥有适应未来的核心素养和必备技能	9787515370415	59.00
★	杰出青少年的7个习惯（精英版）	9787515342672	39.00
	杰出青少年的7个习惯（成长版）	9787515335155	29.00
★	杰出青少年的6个决定（领袖版）（全国优秀出版物奖）	9787515342658	49.90
★	7个习惯教出优秀学生（第2版）（全球畅销书《高效能人士的七个习惯》教师版）	9787515342573	39.90
	学习的科学：如何学习得更好更快（中国教育新闻网2016年度“影响教师的100本书”）	9787515341767	39.80
	杰出青少年构建内心世界的5个坐标（中国青少年成长公开课）	9787515314952	59.00
★	跳出教育的盒子（第2版）（美国中小学教学经典畅销书）	9787515344676	35.00
	夏烈教授给高中生的19场讲座	9787515318813	29.90
★	学习之道：美国公认经典学习书	9787515342641	39.00
★	翻转学习：如何更好地实践翻转课堂与慕课教学（中国教育新闻网2015年度“影响教师的100本书”）	9787515334837	32.00
★	翻转课堂与慕课教学：一场正在到来的教育变革	9787515328232	26.00
	翻转课堂与混合式教学：互联网+时代，教育变革的最佳解决方案	9787515349022	29.80
	翻转课堂与深度学习：人工智能时代，以学生为中心的智慧教学	9787515351582	29.80
★	奇迹学校：震撼美国教育界的教学传奇（中国教育新闻网2015年度“影响教师的100本书”）	9787515327044	36.00
★	学校是一段旅程：华德福教师1~8年级教学手记	9787515327945	49.00
★	高效能人士的七个习惯（30周年纪念版）（全球畅销书）	9787515360430	79.00

您可以通过如下途径购买：

1. 书　　店：各地新华书店、教育书店。
2. 网上书店：当当网（www.dangdang.com）、天猫（zqwts.tmall.com）、京东网（www.jd.com）。
3. 团　　购：各地教育部门、学校、教师培训机构、图书馆团购，可享受特别优惠。

购书热线：010-65511272 / 65516873

卓越教师的200条教学策略

ISBN：9787515340401
著　者：〔英〕安德烈·雷德芬
出版社：中国青年出版社
定　价：49.90元

- 高效：每一个方法简单易学，步骤清晰，拿来即用，能使教学效果立竿见影。
- 全面：从制定教学计划到把握课程进度，再到课后评估，覆盖教学每一个环节。
- 权威：作者来自英国20所最“物有所值”的学校之一，一线教学经验丰富。

《卓越教师的200条教学策略》关注的是教师们在日常教学中最想解决而又棘手的难题：什么样的策略是有效的？我们又该如何实施它们？

本书为教师提供了200条与教学相关的实用策略、方法或行动建议，清晰地解释了每一种方法的步骤、优点与窍门，读完即可运用到日常教学中。利用这些策略，你可以轻松掌握卓越教学的每一个环节：

· 制定完美的课堂计划

· 激发学生的思考能力

· 让每一个学生都参与学习

· 鼓励合作学习，改善学生课堂表现

· 开展分层教学，因材施教

· 实施有效的测评与反馈

此外，每一个主题都总结了便于查阅的10个方法，比如，有助于全面了解学生的10个数据、在课堂上有效测评学生进度的10个方法，高效批改作业的10个好点子，等等。不管你是刚入门的新教师还是经验丰富的老教师，它将在你的教学生涯中给予你高效的指导。

反思性教学

一个已被证明能让所有教师做到最好的培训项目

（30周年纪念版）

- 英国中小学教师培训读本和教学参考书
- 持续迭代畅销30年，全面拆解反思性教学
- 指导教师开展卓有成效的教学

著者：［英］安德鲁·波拉德
　　　［英］克里斯廷·布莱克-霍金斯
　　　［英］加布里埃尔·克利夫·霍奇斯 等
ISBN：9787515347837
定价：59.90元

❶ 英国教师都在参考的教学反思完整手册，教育专家联手打造，为教师技能持续发展和教师培训提供新方向。

❷ 与叶澜、李镇西等国内教育名家推崇的“反思性教学”“反思型教师”理念高度契合。

❸ 从教师角色、教学环境、课程设计与规划、教学评估、系统反思等五个方面，结合反思性活动实例，全方位拆解反思性教学。

❹ 提供精细、多元化的模块设计：可供复制的实践性课例研究，激发思考的专家问题，延伸教学前沿研究的简报和实证工具包，等等。

❺ 附赠丰富的线上资源：还原更多课程设计的场景与前沿理论落地，让反思在教学中践行得更得力，更有成效。

❻ 反思性教学，即对自己教育行为乃至教育细节的追问、审视、推敲、质疑、批判、肯定、否定……反思对教学质量与成效至关重要，它是教师实现自我提升与卓越教学有效的途径。事实证明，全球数以万计的教师因为反思获益无穷。